赦された者として赦す

グレゴリー・ジョーンズ、セレスティン・ムセクラ

岡谷和作、藤原淳賀〔訳〕

Forgiving
As We've Been
FORGIVEN

シリーズ〈和解の神学〉
日本キリスト教団出版局

私たちの家族に

FORGIVING
As We've Been
FORGIVEN
Community Practices for Making Peace

Published by InterVarsity Press

tr. by
OKAYA Kazusa
FUJIWARA Atsuyoshi
Published by
The Board of Publications
The United Church of Christ in Japan
Tokyo, Japan

日本語版への序文

グレゴリー・ジョーンズ
セレスティン・ムセクラ

本書が日本語に翻訳されたことを光栄に思います。クリスチャンの赦しというものは特定の文化的、歴史的コンテキストに注意を払わなければならないことを、私たちは深く認識しています。クリスチャンの赦しとは、キリストの普遍的な赦しの意義を、人々の特定の生活や特定の文化的、歴史的コンテキストにもたらす聖霊の働きです。私たちの経験は主に北アメリカ（グレッグ）とアフリカの大湖沼（Great Lakes）（セレスティン）であり、皆さんのコンテキストに相応しい洞察を提供できるほど日本の歴史や現在の文化的現実について十分に知っているとは思ってはいません。

それでも、私たちの本は、皆さんの生活や働きに関わるキリストの赦しの普遍的な意義についての洞察を提供していると信じています。私たちは本書の考察において、私たちを変えていくキリストの賜物の力を明らかにしていこうとしていますが、特に私たちが和解の働き人となるようにとの召しを具体化する助けとなる共同体の実践に焦点を当てています（IIコリント五章）。私たちは、アフリカと北アメリカでの私たち自身の多様な経験から論じていますが、皆さんが私たちの洞察から日本の状況と経験にあわせてどのように赦しの実践を行っていくことができるのかを考えていただけるのではないかと願っています。

本書が最初に出版されて以来、私たちは励ましの希望の兆しを見てきました。またキリストの赦しと和解の福音が実践され共同体として具体化されていくことが本当に今、必要とされている理由も見てきました。自分たちの働きの中で、傷ついた人々、傷を負わせた人々に出会い、赦しの変革の力を見出していく中で、私たちは刺激を受け、また謙虚な思いが与えられています。彼らの人生の物語から力と励ましを受けています。

しかし、本書が最初に出版されたときよりも、多くの点で私たちの世界はさらに脆く、また壊れてきていると感じています。このことは、憎しみと他者への恐れが増している社会の内側においてもそうですし、国際的な関係においても裂け目が広がってきています。この恐怖と敵意の中では、ときに憎しみを強くもった人々が最も説得力のある物語を語っているかのように見えます。

しかし、クリスチャンとして、私たちは、最も説得力のある真実の物語をもっているのです。それは、イエス・キリストにおいて現された私たちに対する神の愛の物語です。それはまた最もいのちを与える未来のビジョンであり、人々が見出し信じたいと切望している未来のビジョンなのです。私たちは、聖霊の力によって、イエス・キリストにおける神の赦しと贖いの愛の物語を語るよう召されています。そして私たちは、平和を実現する共同体の中で、また共同体を通して、その物語を具体化するように召されているのです。

本書における私たちの考察が、皆さんがクリスチャンとして生きておられる状況の中で、インスピレーション、希望、そして励ましの源となることを願っています。そして、この本を日本語で読まれる皆さんから私たちが学ぶ機会を持ちたいと願っています。それによって、私たちも自分の旅路をより誠実に歩む助けとなると思います。

本書を翻訳してくださった藤原淳賀教授と岡谷和作氏に心からの感謝を捧げます。

二〇一九年四月

もくじ

【凡例】文中の［　］は訳者注である。

はじめに

グレゴリー・ジョーンズ
セレスティン・ムセクラ

この本は赦しについて書かれています。赦しとは私たちクリスチャンが理解しているはずの事柄です。主の祈りを知っている人であれば誰でも、私たちが赦すから、私たちも赦されることを求めるのだと知っています。しかし赦しへの呼びかけを聞くことと、実際に家庭や世の中で赦しの実践の仕方を知っていることとは別です。赦しとは、個人的な行動や言葉よりも大きいことに関わっているのです。赦し赦されるために、私たちは共同の実践と訓練――平和を生み出す生き方――が必要です。本書では、教会や共同体が日常生活で赦しを可能とする習慣をどのようにして作っていくことができるかを扱っています。

私たちはこの本を共著として書く機会が与えられたことを嬉しく思っています。私（セレスティン）は、赦すことの難しさを実体験から知っています。私はフツ族としてルワンダの村で育ちました。その村は、それぞれの部族のアイデンティティーが非常に強く、分裂していました。私の父と他の家族がルワンダ虐殺の余波によって殺害されたとき、神は私に究極の忠誠を求められました。神は私に殺人者たちを赦さなければならないと語られました、彼らが誰なのか知るよりも前に、です。私の人生に起きた、赦しによる回復の力によって、ALARM（「アフリカにおけるリーダーシップと和解のミニストリー」[African Leadership and Reconciliation Ministries]）を設立するという思いが与えられました。八カ国で働く五一人のスタッフがいるのですが、ALARMでは赦しの力を教え、壊れた共同体の中で赦しを実践できるように人々を励ましています。過去一五年間、何千人もの人々の人生が、赦しによって変えられていくのを見ることができたのは私の喜びです。

私（グレッグ）は、神学者として赦しについて書いてきました。そして赦しが牧師や教師の養成機関で、より中心的なテーマとなるように働きかけてきました。私は過去二〇年、セレスティンのような人々に関する物語を伝えてきました。しかし同時に、トラウマとなるような暴力や、ルワンダのような国民的な悲劇を経験したことがない人にとっても、赦しがどれだけ大切であるかを知っています。私たちは皆、破れのある人間なのです。どのような共同体においても私たちは互いにぶつかります。そして私たちの鋭く尖ったところが他者を——私たちが最も愛する人々さえも——傷つけるのです。私たちが日々中心的に携わっていることが国際関係であっても、あるいは育児であっても、私たちは各々赦しの実践において成長する必要があります。

ですから、私たちは一緒にこの本を書きました。このシリーズは学者と実践者を繋げることを目指しています。しかし実際のところ、本書の著者である私たちは二人とも学者であり、同時に実践者なのです。私たちは赦しへの情熱によって学び、また本書を書くことへと導かれました。また私たちはそれぞれ赦しの共同体を牧会すること、そして私たちが語り伝える良き知らせを体現する組織を築くことへと駆り立てられてきました。私たちは地理的にも教派的にも異なる世界から来ているのですが、たくさんの共通点があることを見出しました。

それでも、私たちの旅はかなり異なるものでした。異なる土地で育ち、異なる道を歩んできた私たちは、異なる声を持っています。その声を一つにしようと試みる代わりに、私たちは一章ずつ、交互に相手から聞き、語られたことに対して付け加えていくという手法を取ることにしました。第二章に記していますが、私（グレッグ）は赦しとはダンスであると考えます。この本もダンスのようなものなのです。バビロンの燃える炉の中に入れられたヘブライ人の若者たちのように、私たちには三人目の人物が火の中で共に踊っているという感覚がありました。神の臨在は私たちにとっての贈り物となり、私たちを救いました。

共に炎の中から救われた者として、私たちは今なお畏怖の念に満ちています。このプロジェクトを通して、また私たちが伝える機会を与えられたさまざまな物語を通して、私たちは神の恵みへの驚きを感じています。しかし同時にもう一つのうれしい驚きがありました。それは、共に働く喜びを見出せたということです。この喜びは、他の誰かをダンスフロアに連れて来たくなるような、そんな喜びです。

ですから私たちは喜んで、手を伸ばしてあなたをこの旅に招待したいと思います。これから読み進めるページを通して、赦しについてのより深い理解を得、人生をより豊かに生きることができるようになりますように。あなたが赦されたように、あなたの全存在をかけて人を赦すことを学べますように。そしてあなたの人生における最も困難な試練の中で、慰め主である神が、あなたと共に火の中におられることを知ることができますように。

第1章　福音の中心

セレスティン・ムセクラ

一九九四年四月から七月にかけての一〇〇日間の虐殺により、私の同胞は絶望し、見捨てられ、落胆し、死を経験しました。外の世界から見て、ルワンダには希望も未来への可能性もありませんでした。ルワンダ人――加害者、生存者や傍観者――にとって、この国家的な悲劇によって、文字通り私たちの人生は終わったのです。すべてを変えてしまったこの暴力を生き延びた人々にとって、復活が必要でした。イエス・キリストから受け取った新しいいのちにおける赦しを実践することなしに、私たちに未来への希望はありませんでした。

一九九〇年一〇月、ツチ族率いるルワンダ愛国戦線（ＲＰＦ［Rwandan Patriotic Front］）が祖国ルワンダに侵入しました。少数派のツチ族に対して、フツ族中心の政府とその軍隊という、部族間の戦いが幕を開けました。ＲＰＦは、一九五九年のフツ族革命によりウガンダに逃れ離散したツチ族の難民の子どもたちによって一九八七年に組織されました。フツ族により帰国の権利を拒否された難民たちは、一部ウガンダの市民権を得ている者もいましたが、彼らも含めて武器を取り、ルワンダに帰国するための戦いを始めたのです。それが一九九〇年の侵略と内戦の始まりでした。

そして四年後の一九九四年四月、私の故郷の友人や隣人たちに信じられないことが起こりました。一〇〇日間の虐殺によりルワンダで一〇〇万人近くの人々が殺されたのです。三〇〇万人は国から脱出し、タンザニア、コンゴ民主共和国、ブルンジやウガンダの難民キャンプへと向かいました。生き延びた者もいますし亡くなった者もいます。他にケニア、ヨーロッパやアメリカに避難することができた者もいました。

一九九四年の七月末、ＲＰＦ（その大多数はツチ族でした）によって虐殺は公式に終息したのですが「ＲＰＦが全土を制圧した」、復讐のための殺人は一九九八年まで続きました。新たに設立されたツチ族政府とコンゴに逃れたフツ族の民兵部隊の衝突により、ルワンダの北西地域に住む多くの人々が殺されました。その殺戮の波に巻き込まれた犠牲者の中には、私の親戚や、一九八三年から一九八六年まで私が牧会した教会のメンバーもいました。

虐殺が起こったとき私は母国にはおらず、ケニアのナイロビ福音神学大学院（ＮＥＧＳＴ［Nairobi Evangelical Graduate School of Theology］での学びを終えるところでした。卒業まであと数日となったときに、サービング・イン・ミッション（ＳＩＭ＝Serving in Mission］）の都市部での働きを手伝う副部長としての仕事をすることに決まりました。私の働きは都市部、特に東アフリカと中央アフリカの各主要都市で広がっているスラム街に牧師を派遣するための訓練をすることでした。ナイロビにいる多くの難民は英語もスワヒリ語も話せなかったため、私はそこでルワンダ難民の集会を始める働きに携わりました。

一九九四年一〇月、私は、虐殺とコンゴの難民キャンプで蔓延していた赤痢やコレラなどの、いのちに関わる病気から生き延びた友人や親族を探すための旅に出ました。散乱し、埋葬もされていない死体がたくさんある中で生きている人々を探しに行きました。その中で、私は虐殺をくぐり抜けた牧師や教会のリーダーたちに出会いました。彼らは妻、子ども、同僚、教会のメンバーの命が失われたことに嘆いていました。ほとんどの牧師、神父、教会のリーダーたちはこう問うていました。「神は私たちのことを大切に思っているのだろうか？」「神は本当に全能なのだろうか？」「私の妻や子どもがバラバラにされたとき神はどこにいたのか？」「私たちは大艱難期にいるのだろうか？」

ある牧師や神父たちが人々を教会や家庭にかくまっていたとき、民兵が彼らの戸口に現れ、穏健派フツ族かツチ族がいないかと尋ねたといいます。民兵は、もし彼らが従わなければ、かくまっていた人々と一緒におまえの家族を殺すと脅しました。ある牧師たちは、恐怖のために、彼らが殺されることになると知りながら教会員を差し出しました。彼らは問うていました。「なぜ私は彼らと共に死ななかったのだろうか？　私のしたことは赦されるのだろうか？　私はもう役立たずではないのだろうか？　私は再び牧師として働くことができるのだろうか？」

牧師たち、そして教会全体が道徳的、神学的そして実際的な問いに直面していました。生き残った牧師たちは、自分たちのことを見捨て、このような悲劇が起こることを許した神について語れることなど何もないと感じていました。彼らの多くは、彼らが拝むのをやめた先祖の神よりも、彼らが信じた聖書の神のほうに本当に力があるのか疑問を持っていました。多くの苦しみ、失望、絶望の中で、神はどういうお方なのかということが問われていたのです。

旅の終わりに、神は私に語りかけられました。高給と安定を捨てて、コンゴ、タンザニア、ウガンダやケニアにある難民キャンプに戻るようにと。それは、生き残った牧師たちを慰め、励まし、力づける働きでした。と同時に、殺害や逃亡によって七〇パーセントの教会のリーダーたちが失われてしまっていたのですが、その空白を新しい牧師や信徒リーダーを訓練して補うという働きでもありました。神はそのような働きへと私を召されたのでした。

私の働きの中心は、聖書の語る赦しと和解でした。怒りと敵意のただ中で、ルワンダの教会が、希望と癒やしと和解の器となる必要を感じました。しかし、悔い改めるようにとのメッセージは、皆が聞きたいと思っていたものではありませんでした。それは、殺しに加担もしくは殺しを助長した政治家や民兵に対峙するものだったからです。同時にその悔い改めのメッセージは、難民キャンプ内、そしてルワンダ国内のフツ族とツチ族にもチャレンジを突きつけるものでした。彼らの大多数は復讐、仕返し、そして敵意と分断を続けようとしていたからです。正義は公平な判断によって測られるのではなく、人々に解放感を与えるかどうかだと考えられていました。たとえそれが「敵対する部族」の無実な人への復讐であったとしても。

大多数のクリスチャンも、自らの忠誠がどこにあるべきかを理解していませんでした。多くの人々は、自分はまずフツ族かツチ族かであり、その次にクリスチャンであるかのように感じていました。多くの人々は私たちの働きをよく思っていませんでした。その結果、私は三回難民キャンプで暴行を受け、警察で三時間半拷問を受け、家族と共に度重なる脅迫を受けました。私の同胞であるフツ族の人々は、私が彼らに悔い改めと赦しを求めることにより、同胞を裏切っていると言いました。ツチ族の人々も、私が彼らに赦しと和解のメッセージを突きつけたことから、私を嫌いました。そのように双方の部族からの拒絶と苦しみを経験しましたが、神は私と妻を度々力づけてくださり、リーダーシップ訓練と和解の働きを共に担う仲間を起こし始められました。

このようにして私たちは「アフリカにおけるリーダーシップと和解のミニストリー」(ALARM=African Leadership and Reconciliation Ministries)を立ち上げるに至ったのです。一五年前、それは小さく困難な始まりでした。私たちが聞いた確かな召しは、作為的にも不作為的にも罪を通して虐殺に関わってしまったクリスチャン共同体、ルワンダの教会に、赦しと和解の革新的な働きを通して関わるということでした。教会が、民族、人種、地域社会が求めるものを超えるということを理解するために、教会のリーダーたちは訓練される必要がありました。私たちは赦しのメッセージを通して、共に一致と和解の使者となることが必要だったのです。

赦しの試練

公式に確認されているわけではありませんが、ルワンダの虐殺後の復讐や怒りによる村々の殺戮は一九九八年まで続きました。民兵と国の元役人たちは、フツ族の難民キャンプの人々を武装させ、彼らに憎しみを植え付け、国に戻って「彼らの国」と財産を奪ったツチ族を殺すようにと駆り立てました。フツ族であれツチ族であれ強硬派の人々は、相手のことを非人間的な存在や悪魔のように見なしました。フツ族の民兵が難民キャンプから国境を越えて攻撃を仕掛けると、新しく組織されたルワンダ愛国軍（ＲＰＡ＝Rwandan Patriotic Army［ツチ族が作った前述のＲＰＦの軍事部門］）の多くの兵士は、国から逃げ遅れた無実の市民、女性、子どもたちに対する大量の無差別殺人を行いました。民兵と軍隊も、仲間ではないと判断した人々を拷問し、殺しました。

そして一九九七年一二月二八日、日曜日、軍服を着た男たちが銃、手榴弾、剣、こん棒を手に、私の村に入り、七〇人ほどの人々を殺害したのです。ある者は家で、ある者は畑で、またある者は朝の祈りのために集まった教会で殺されました。その中には私の父親、私の義兄弟、彼の妻と二人の子ども、そして私の母親がコンゴの難民キャンプで養子にした新しい妹が含まれていました。殺されたほとんどは私の隣人や友人、そして私が若い頃四年間牧会した教会のメンバーでした。

友人や家族が殺されたというファックスがルワンダから届いたとき、私はテキサスのダラス神学校にいました。この恐ろしいニュースを私が受け取ったのは一九九八年一月五日夜遅くのことでした。私は神に対して怒りました。「私の家族が虐殺されていたときあなたはどこにおられたのか」「私は今まであなたの召しに従ってきたのになぜ彼らを守ってくださらなかったのか」。私はそう問い始めました。私はまた「フツ族とツチ族の権力争いと全く無関係の無実な農民にこんな酷いことを行ったのが誰なのかを知りたい」という思いに駆られました。

私が今まで語ったり、教えたりしてきたこととは裏腹に、私は親族や愛して仕えた人々の命を奪った者へ復讐をしたいと思いました。一九九四年の夏と秋に難民キャンプで多くの牧師たちから何度も聞いたのと同じ問いを私自身が問うていたのです。その生《なま》の感情が剝き出しになったこの瞬間、神は私に、私は和解と赦しの働きに召されたのだという現実を突きつけられました。神はすべてのことが起きたとき、その場におられたということをはっきりと教えてくださいました。また、神は私の親戚が（中には私が信仰に導いた者もいました）、人生の旅路をしっかりと終えることができたのだということもわからせてくださいました。彼らが殺されたとき神がどこにいたのかと問うこと、誰が殺したのかと問うことは私のなすべきことではありませんでした。そうではなく、ルワンダ虐殺の最中、そしてその後殺された私の家族や教会の信徒たちのように、私も自らの人生の旅路を全うするということが求められていたのでした。

ダラスでのあの夜、主は私に最も困難なチャレンジを与えられました。「あなたは人々に悔い改めと赦しについて教えています。あなたは人々を教え、赦しに導くことをよくやっています。今度はあなたが、私がどこにいたのかと問うことなく、あなたの親族を殺した人々を赦す番です。今度はあなたが、愛する者を残酷に殺した者を、彼らの名前も知る前に赦す番です。あなたが選ぶのです。赦してその後のことは私に任せるか、赦さずにあなたの自由と喜びと平和を捨てるかです。あなたは自ら教えることを実践しない偽善者になるか、もしくは赦しに値しない者たちに、赦しという贈り物を与える傷ついた癒やし人になるかを選びなさい」。

赦しの実践について人々に教えた後、私は、クリスチャンの赦しとは、人類に対する神の無条件の愛と赦しを思い起こすことに関わってくるのだということを知りました。テクニックとしての赦しでは十分ではありませんでした。怒りや復讐や恨みが溢れていました。私はさらに深く、信仰の根元まで踏み出す必要があったのです。

神は、その恵み、愛、憐れみ、思いやりのゆえに、私たちがまだ反抗していたときでさえ、罪の赦しのために尊い独り子を捧げるという想像を超える御業を行われました。神は、自らの罪により無力で死んでいた私たちを、キリストと共に生かしてくださいました（エフェソ二・五、ローマ五・六、八）。この神の御業のゆえに、クリスチャンの赦しのモデルは、私たちに傷や痛みや苦しみを与える人に無条件の赦しを与えるということを強調します。この思いやりに満ちた奇跡的な赦しの行為は、神がキリストによって彼らを赦されたように、クリスチャンは無条件で赦さなければならないという確信から来るものです。そしてクリスチャンの内に働かれる聖霊がそれを助けてくださるのです。

悲しみのただ中で、神は赦しが持つ変革の力を私に見せてくださいました。赦しには共同体を変える力があるだけではありません。まず私自身が変えられました。この個人的な経験から、「私の痛み、悲しみ、嘆きなどのさまざまな感情のために、神から与えられた恵みと赦しが見えなくなることがないようにしてください」と祈り始めました。一九九八年一月五日、私は不条理な苦しみや痛みのただ中でも赦しが起こり得ることを学びました。私はまた、復讐心や人間的な正義を求める私の意志と願いを神の力が超えたときにのみ、赦しが可能になることを知りました。復讐を求める私自身の思いと、無条件で赦し、赦された者を赦しの生活へと招かれる神のリアリティーとの出会いによって、赦しについての本を何冊も読むことよりもはるかに多くのことを学ぶことができました。神から与えられる赦しと、罪の束縛からの贖いは、永遠の裁きから私たちを救うだけではなく、今ここにおける新しい命への招きなのだと理解しました。そして赦しを通して、加害者と被害者の間に新しい希望と新しい未来の可能性が生まれることを学んだのです。

私は神の方法を理解し始めました。赦す者は確かに赦しの代価を支払うのです。たとえ赦された者がその代価を知らなかったとしても、です。神は私の赦しの代価を支払ってくださいました。私がまだ罪の中にいたとき、キリストは私のために死なれました（ローマ五・八）。キリストは私が赦されるために死なれたのです。加害者の行動がどのようなものであったとしてもそれに関係なく赦すことが可能なのだということを、神は私に教えておられたのでした。赦す前に自分の傷が完全に癒やされている必要はありません。贈り物はたとえ受け取られることがなくても、贈り物なのです。赦されし赦しとは、私が無償で受け取った贈り物であり、私が無条件で与えるべき贈り物なのです。赦された罪人として、私は赦すように招かれています。贖われた聖徒として、赦せないという束縛に決して捕らえられてはならないのです。神はその恵みの中で、赦せないという思いに私が沈むことがないようにしてくださいました。そして希望と癒やし、赦しと和解のための器になるようにと私を招いてくださいました。

神は、私が説教することを私が実際に生きるように願っておられました。もし私が、私の愛する人の命を奪った人に差し伸べる恵みを見出すことができないのであれば、私は赦しと和解の働きに関わるべきではありません。ですから私は神に祈りました。私の家族と友人を殺した殺人者を赦す力と恵みを与えてください、と。そして私は加害者に赦しの宣言をしたのです。神は私を自由にされました。ですから、私も私の敵を自由にしなければなりませんでした。これは赦す側と赦される側の双方にとっての贖いでした。私にとってそれは怒りと苦しみからの贖いであり、加害者にとっては復讐からの贖いを意味しました。しかし私たち双方にとってもっと大切だったのは、それが、私にとっても、私の赦された友にとっても、神との新しい関係の可能性へ向けての贖いだったということです。

そしてそこから癒やしのプロセスが始まりました。私は加害者を悪魔や獣のように思うのではなく、人として見るようになりました。彼らも、私と同じように、その心が変えられるために神の力が必要な人間なのです。彼らも私も、共に神のかたちとして、土地を、国を、空気を、そして未来を分かち合う者として創られたのです。私の赦しは完全なものだったとはいえないと思いますが、その赦しを差し出したそのときから癒やしが始まりました。それは和解へと向かう旅の始まりでした。そのために私は労しているのですが、それは私のためだけではなく私の国の人々——フツ族、ツチ族——そしてアフリカの共同体のための働きなのです。

死からの生還

私が家族と教会員の死を悼み嘆いてから六か月後、ルワンダとコンゴ東部の難民キャンプのフツ族とツチ族の教会リーダーを訓練するため、私はカンパラ［ウガンダの首都］にいました。そしてそこで母と姪が生きているという知らせを耳にしたのです。彼女らは六か月間森の中で生活していたのでした。これは彼女らの死のニュースを受け取ったときよりもショッキングなことでした。

しかしその知らせは本当だったのです。私の母は銃撃が起こったときに気絶し、地面に倒れていました。隣人が銃弾の雨に見舞われ、死体が母の上に積み重なっていく中、母は四時間から五時間もの間、気を失っていたのです。意識を取り戻し、遺体の山から抜け出したとき、撃たれた人の血で体中染まっていました。どうにか茂みに這って行こうともがいていたその時、死んだ母親の隣で泣いている赤ん坊が彼女の目に留まりました。彼女はその二歳児を抱いて森の中に入ったのでした。四日もの間、母はその子が自分の孫であることに気付いていませんでした。

母と姪は、森に逃げた他の人々と共に、草や木の根、そして口に入れられる物なら何でも食べながら茂みの中で半年間暮らしました。多くの人が赤痢やコレラや飢餓で亡くなっていく中で、生き残った人々はルワンダの戦争から遠く離れたコンゴの村を目指しました。母は友人と出会い、その友人は母を私の兄弟の元に連れて行ってくれました。彼が私に母が生きていると連絡してくれたのでした。

母はひどく傷ついており、他の人たちと一緒に死にたかったと言いました。母は、他の人が亡くなったからつらかったのではなく、他の人が皆亡くなった中で自分が生き残ったからつらかったのです。神に、もう苦しむことのない天にいる他の信者たちと一緒に連れて行ってくだされればよかったのにと願っていました。

回復した後、母は村に戻りました。そこで両親や兄弟を殺された四人の子どもたちに出会いました。母は自分の子どもとして彼らを育てると決心したのです。母は生きる意味を見出しました。「どうして私が生き残ったかわかったわ。神様は私にこの子たちの面倒を見てほしかったのよ」。母はそう言いました。そのときは七四歳だったのですが、八〇歳になる二〇〇七年四月まで、母は村の孤児たちの面倒を見続けました。ほとんどの孤児は大人になり自立しました。あるいは面倒を見てくれる遠い親戚を見つけました。母は村のさまざまな年齢の寡婦たちの面倒を見続けています。

家族と友人が殺害された一年後、私はまたカンパラに戻っていました。ルワンダ、コンゴ、ブルンジのツチ族とフツ族の牧師たちへのトレーニングのためです。そこで私は、私の村での殺戮を指揮した人々の親戚三人に出会いました。怒りと恨みが溢れてきました。私の人生に働かれた神の赦しと誠実さが曇っていくのを感じました。しかしその中で、私は静かな、しかしはっきりとした神の霊の声を聞きました。それは、家族を殺害した人々を、私はすでに赦したのだということを思い起こすようにと語りかける声でした。

悔い改めて、この三人に対して謝罪をするようにと、主は私に語られました。彼らは私の家族の殺害者ではなく、キリストにある私の兄弟でした。彼らは血縁的には私の家族を殺した部族の一員です。しかしイエス様の血によって彼らは、それ以上に私に近い者となったのです。彼らはキリストによって贖われた者です。共に養子とされて神の家族となった私の家族なのです。ですから、私は彼らの親戚が犯した罪のために彼らを嫌い憎んだことを悔い改め、赦してもらう必要があったのです。痛み、嘆き、怒り、悲しみのために私の霊的な目が曇っていました。しかし主は、私がこの兄弟たちと分かち合っている、キリストにあるアイデンティティーの現実を見せてくださいました。私たちは皆、キリストの家族に属しています。キリストにあるアイデンティティーを私たちは共通に持っているのであり、それは文化、慣習、歴史が与えてくれる他のどのようなアイデンティティーよりも強力なものでした。

神と格闘した末に、彼らに赦しを求める勇気が私に与えられました。私はそこにいたすべての牧師や教会の指導者に、私の家族と村に何が起こったかを伝えました。そして私は、家族を殺した人々の親族である兄弟たちに対して憎悪と恨みが自分にあったことを認めました。そして私は三人の兄弟を、私が牧師のトレーニングの会を始めるために立っていた講壇へと招き、私を赦してくれるようにと頼みました。殺戮が起こったとき、彼らはその場にいなかったのであり、彼らを憎む資格は私にはないということを伝えました。彼らは私が永遠を共に過ごすことになる兄弟だったのですから。

主は恵み深い方でした。その兄弟たちは彼らに対する私の怒りと恨みを赦してくれました。そして彼らも私に、自分の親族が私の家族、教会、地域の人々に対して行ったことの赦しを請いました。私たちが互いに涙を流し、罪を告白し、赦し合う中で、神は会場にいた他の牧師や教会の指導者たちに語り始められました。指導者たちの中には、妻、子ども、家族を殺し、あるいは彼らの財産を破壊し、奪い、傷つけた隣人に対して憎しみ、赦せない思いを抱いている人がいました。この出会いを通し、参加者は、赦しを与え、赦しを受け取ることができるように自らの葛藤を見つめなおすことができたのです。

イエス様は弟子たちに教えた祈り［「主の祈り」のこと］の中で、人間関係を保つための方法として、日々の赦しの実践を強調されました。食べ物がそうであるように、赦しは共同体の中で私たちの命を保ちます。日々の糧なしに生きられないのと同様に、私たちは赦し赦されることなしに、人々とそして神との親しい交わり（communion）に真に生きることはできないのです（マタイ六・九―一五）。私はこれを私自身の人生において、そしてまた公の働きを通して学ぶ必要がありました。しかし私たちが福音を家庭で聞いたとしても、職場で聞いたとしても、イエス・キリストは昨日も今日も永遠に変わらないお方であることを私は信じています（ヘブライ一三・八）。赦しとは福音の中心なのです。そしてもし私たちが神の良き知らせを輝かせる生き方をするのであれば、私たちは平和を創る生き方を学ぶ必要があるのです。

中心から導く

赦しが福音の中心であるならば、教会の宣教の中心でもあります。多くのクリスチャンは、自らの罪が赦されたという確信に喜びを抱いています。しかし私たちは、クリスチャンの共同体や、より広い共同体という多くの人々との関係において水平方向の赦しの実践を育んできてはいません。現代社会で起きるさまざまな事件は、怒りと復讐という人間の自然な反応によって、人間関係の破壊や分裂を生み出しています。その世界にあってクリスチャンの総合的な赦しへのアプローチが必要とされているのです。私たちはセラピーによる自助以上のものを必要としています。クリスチャンの赦しが他のものと異なるのは、神の赦しから来る赦しの動機と、クリスチャンの共同体がそこで赦しを実践するということにあります。

一九九四年以降、神は何度も私に東アフリカと中央アフリカの牧師や信徒を含む教会指導者たちを訓練する必要を覚えさせてくださいました。彼らはそれまで神学やリーダーシップの訓練を受ける機会がありませんでした。ＨＩＶ／ＡＩＤＳの大流行があり、死に直面する人々や遺族たちに対する牧会的な働き、及びカウンセリングの大きな必要がありました。また、ＡＬＡＲＭは聖書的な悔い改め、赦し、紛争解決、また民族間の和解の問題を取り扱ってきました。私たちの究極的な目的は、アフリカの共同体において、アフリカの教会が赦しと和解の使者となれるよう力づけることです。神はキリストを通して私たちと和解してくださった後に、この壊れた世界の中で私たちに和解のメッセージと働きを委ねられたのです（Ⅱコリント五・一八―一九）。

私たちは、東アフリカと中央アフリカにおいてさまざまな教派、部族、人種の牧師や信徒リーダーの訓練をしています。過去一五年間、神は私たちの働きを八か国（ルワンダ、ブルンジ、コンゴ、スーダン、ウガンダ、タンザニア、ケニア、ザンビア）に広げてくださいました。アフリカでは五一人の常勤スタッフによるチームが形成され、アメリカでは四人のスタッフと、牧会的リーダーシップや聖書的な赦しと和解の働きの分野においてその国のリーダーを育てようという情熱とビジョンを持った数多くのボランティアがいます。彼らをまとめていく機会が私に与えられました。ルワンダとブルンジでは、フツ族とツチ族の牧師が共に手を取り合い、癒やしと和解のモデルとなるよう働いています。ＡＬＡＲＭは民族主義や教派主義を越えて異なる民族や教派出身のクリスチャン・リーダーの間で信頼と一致を作り上げています。神は、新しい後援者をＡＬＡＲＭに与えてくださっています。彼らは、アフリカの教会の指導者をトレーニングし、知識や技能を身につけさせるための資金とサポートを提供してくれています。ビジョンは私の思いを超えて成長しました。そして神はこの働きに、信頼できる新しいアフリカのリーダーたちを与えてくださっています。彼らは今や自らの共同体で変革が起こり和解がなされていくために、アフリカの人々を訓練しています。

聖書的な悔い改め、赦し、和解のメッセージを語る人々が殺され、投獄され、尋問され、迫害されることがありました。それを見るのはつらいことでした。しかし、私たちが見ているのはそれだけではないのです。私たちは、傷ついた共同体や家族に癒やしをもたらすというアフリカの教会の新しい希望と新しい役割をも見ています。強力な牧会的なリーダーシップなくして、アフリカの教会は、収穫を待って色づいているこの大陸に大きな影響を与えることはできません。

私たちは、虐殺、腐敗、貧困、ＨＩＶ／ＡＩＤＳに直面して力を発揮することができなかった民族的なキリスト教が、聖書的なキリスト教に替わっていくことを願っているのです。アフリカで起きている危機はリーダーシップの危機です。神はアフリカを人的資源や自然資源で祝福してくださいました。私たちの民族的、人種的な違いは、鉱物や石油などの自然資源のように私たちを強めるべきものです。教会のリーダーたちはそれらの資源の良き管理者となり、贖罪的、和解的なリーダーシップを共同体において形成していく必要があるのです。

赦しのモデルを探して

私はアフリカの教会指導者を建て上げていくことに関心を持っていたため、高等教育を受けました。そしてそこで学んだことを今ＡＬＡＲＭで働く牧師たちに継承しています。しかし私は学びの中で、赦しについての研究があまりにも少ないことにがっかりしました。赦しの神学的な議論の中心は、神によって与えられる赦し、そして救済の秩序と歴史における赦しの重要性でした。赦しはまた贖罪論、救済論、聖化論などの教理との関連の中で取り扱われてもいました。しかし心理学やカウンセリングなどの分野で現在出版されている物と比べて、クリスチャンの訓練としての赦しの重要さが神学や牧会の書籍で扱われることはあまりありませんでした。たとえ神学的に扱われたとしても、個人的な、また人間関係の問題として、個人の感情のセラピーのレベルで論じられているのがほとんどだったのです。

私がグレッグ［グレゴリー］・ジョーンズの『赦しの体現（*Embodying Forgiveness*）』を見つけたときに喜んだのはそのような理由からでした。ダラス神学校の博士課程で、赦しの現代的モデルについて研究していたとき、私は共同体の赦しに重きを置いた新しいモデルを発展させたいと考えていました。[1] 聖書の中における赦しは共同体の中で語られ、私の現実の世界も共同体に基づいていますから、赦しの神学的な議論は明らかに共同体的な要素を含むべきだと感じていました。

読み進めていく中で、グレッグの本はクリスチャンの共同体が赦しを体現し、赦しの共同体を築いていくようにと呼びかけている点において際立っていると感じました。彼にはアフリカの福音派神学者のような響きがありましたが、デュークという「部族」に属していました。そして私は心の中でデューク大学神学部への旅を始めたのです。まず、私は赦しについて学ぼうと決めていた三人の神学者のうちの一人をグレッグ・ジョーンズにすることを決めました。そして次に、彼に直接会い、ルワンダのフツ族とツチ族のように、ともすれば互いに敵対しかねないデューク大学神学部という「部族」とダラス神学校という「部族」との和解のプロセスを始める計画を立てました。

神は、私が当初思っていたよりも簡単に、そして早くグレッグと出会わせてくださいました。

ローザンヌ世界宣教会議委員会が私を「人種・民族間の和解」問題のグループにおける共同議長として招いてくれました。そしてもう一人の共同議長は当時デューク大学神学部の大学院で学んでいたクリス・ライス（Chris Rice）でした。クリスと私は世界中からこの委員会で奉仕するチームを集めました。そしてデューク大学神学部は、そのほとんどのミーティングのために場所を提供してくれたのです。私はグレッグと出会うことができただけではなく、彼と食事をし、共に笑い、共に泣き、共に働く機会を与えられました。私は彼の人生の物語から、赦しを体現するということについて多くを学びました。また私はクリス・ライスが共同代表を務めるデューク大学神学部和解センターの設立に僅かですが貢献することができました。

グレッグと私は、私たちの旅路を皆さんと分かち合うことを楽しみにしています。私たちの旅は一つの目的地に向かう二つの旅です。二つの異なる経験ですが一つの確信を持っています。赦しは、実践しなければならないものです。私たちの人生の中で、教えられ、学ばなければならないものです。そして最も大切なことは、赦しとは、謙虚に絶え間なく、受け取られ、与えられ続けなければならないということです。なぜなら赦しは私たち自身のものではないからです。そして赦しがなければ私たちは死んでいるのです。しかし贈り物として赦しを受け取り、それを神と人々との関係の中で体現することを学んでいくことによって、私たちは永遠のいのちへと生まれ変わるのです。これこそまさにキリスト・イエスの福音の中心なのです。

1　Célestin Musekura, *An Assessment of Contemporary Models of Forgiveness* (New York: Peter Lang, 2010) を参照せよ。

第2章　赦しのダンス

グレゴリー・ジョーンズ

私の友人、セレスティンと共に、赦しについての本書を書く機会が与えられていることを光栄に感じています。実に、セレスティンを「友」と呼ぶことができること自体が神からの贈り物です。二〇〇四年にデューク大学神学部で出会ったときセレスティンは、国を破壊しただけではなく多くの家族のいのちを奪った衝撃的な暴力の後に、和解の働きを行うことがいかに困難だったかを語ってくれました。それは夕食のテーブルでのことでした。私は彼の向かい側に座っていました。彼は、自分の母親が他の村人と同様亡くなったと思っていたこと、数か月後に生きていることが確認されたときのことを話してくれました。私はセレスティンに、お母さんは今どこにいるのかと尋ねました。

「ルワンダの家にいます」。彼は答えました。

「誰が今お母さんの面倒を見ているのですか？」と私は尋ねました。

「私の父と隣人を殺害した者の親戚の人です」。

私は食べる手を止め、テーブルの向かい側に座っていたセレスティンを凝視しました。私は今まで赦しについての授業を行い、講義をし、本も書いてきました。しかし私の目の前には赦しを「生きた」人がいたのです。セレスティンのような人物との友情。そしてそれによって与えられた恵み。それは、この世界の最もひどい痛みの中でも、赦しを体現することが可能だということを自分の目で見ることができたということです。私たちは、あの人は例外だ、あの人は、私たちのほとんどが生きている世界、すなわち口論や恨みが蔓延する世界とは無縁の超人なのだと考えてしまう誘惑に駆られることがあります。しかし、二〇世紀の預言者、ドロシー・デイ（Dorothy Day）がよく「私を聖人と呼ばないでください。そう簡単に片付けられたくはありません」と言っていたように、セレスティンもまた、彼を聖人化することによって、彼が聞き、また体験した福音から私たちが距離を置くことを良しとはしません。彼は「赦しこそが福音の中心である」と語るのです。「赦された者」として私たちが最初に共にした夕食の席で彼は私に言いました。「私たちに選択肢はないのです」。

私の妻スーザン（Susan）は合同メソジスト教団の牧師ですが、彼女が何年か前に新しい教会に赴任することになったときのことです。引越し業者が家具を下ろしている間、何人かの教会員の方々が来て、スーザンと少し話がしたいとのことでした。しかし彼らの会話が普通の挨拶よりもかなり長い間かかっていたので私は心配になりました。引越しが終わり、その人たちが帰った後、スーザンは私に言いました。その教会の人たちはみな「その夜」に起きた出来事を伝えようとしていたのだと。

「その夜」とはその年の、ある役員会での出来事でした。役員同士の長きにわたる恨みつらみが爆発して喧嘩になってしまったのです。役員のうちの数名は他の部屋で話し合いをするために退室しました。部屋を去ったそのグループが戻り、他の人々に彼らの結論を言い終えると、怒鳴り合いが始まりました。怒りの言葉の応酬がなされる中で、部屋にあった椅子をお互いに投げつけ合う者まで出てきたということでした。

私はこの話をスーザンから聞いたとき、悲しさと同時にそんなことがあるのかと驚きを禁じ得ませんでした。しかし何年もの間、牧師や信徒たちからさまざまな話を聞く中で、このような衝突は私たちが思う以上に実はよくあることなのだということに気づきました。おそらく、セレスティンが苦しんだほどの暴力までエスカレートすることはないかもしれません。あるいは実際に椅子を投げ合いはしないかもしれません。しかし憎しみや破れはどの教会にも、家庭にも、共同体にも存在する現実の問題なのです。それは私たち自身がみな破れた状態にあるからです。私たちはどこか別の場所に逃げて行って衝突から逃れることはできないのです。なぜなら究極的には、私たち自身が問題であり、私たちは自分自身から逃れることができないからです。

しかし、パウロはこのように記しています。

「だから、キリストと結ばれる人はだれでも、新しく創造された者なのです。古いものは過ぎ去り、新しいものが生じた。これらはすべて神から出ることであって、神は、キリストを通してわたしたちを御自分と和解させ、また、和解のために奉仕する任務をわたしたちにお授けになりました。つまり、神はキリストによって世を御自分と和解させ、人々の罪の責任を問うことなく、和解の言葉をわたしたちにゆだねられたのです。ですから、神がわたしたちを通して勧めておられるので、わたしたちはキリストの使者の務めを果たしています。キリストに代

わってお願いします。神と和解させていただきなさい」（Ⅱコリント五・一七―二〇）

もし私たちが聖書の御言葉を真剣に捉えるなら、クリスチャンとは、互いに赦し合うように召された赦された者、というだけにはとどまれないことがわかります。私たちは同時に、この世界のための神の赦しと和解のメッセージを預かった存在なのです。私たちはキリストの大使なのです。これは私たちの賜物であり任務です。しかし同時に、虐殺と、椅子の投げ合いと、隠れた破れが存在する世界において、これは非常に困難なチャレンジでもあります。どのようにすれば私たちは「すべてが和解させられる」という神のビジョンに生きることができるのでしょうか。どのようにすれば私たちは、赦されることと赦すことの意味を理解し、豊かないのちを受け取りつつ、同時に力強い証人になるような健全な教会であることができるのでしょうか。すなわち、どのようにすれば私たちは、私たちの人生とこの世界において赦しを体現することができるのでしょうか。

安価な赦しと高価な絶望 (Cheap Forgiveness and Costly Despair)

赦すということを考えただけで、たくさんの痛みの記憶が私たちの中によみがえってきます。セレスティンが経験したような経験は、私たちの多くの生活や状況からかけ離れているとはいえ、共通していることもあります。私たちは恐ろしい悪を思い出すことなくして、赦しについて考えることはできません。アメリカの奴隷制度、ルワンダの虐殺、ナチスによるホロコースト、あるいはレイプや児童虐待、家庭内暴力といったさまざまな出来事。そのような状況での痛みや苦しみの深さを理解することは容易ではありません。ですから赦しによって何かが変わるのか、またたとえそうだとしてもどうすればその変化が起こるのかが私たちにわからないというのももっともなことなのです。

赦しについて考えるとき、家庭や教会や職場で、日々他者と共に生きる中で起こる小さな衝突についても私たちは考えさせられます。これらの衝突は小さく見えても、憎しみの種を蒔くことになり、時には、より大きな痛みを伴う問題へと発展することがあります。時間が経つことによって落ち着き、客観的に物事を考えることができるようになるかもしれません。しかし時間がすべての傷を癒やすというのは事実ではありません。むしろある痛みは時が経つにつれてより大きくなり、痛み苦しむ者を疲弊させ、本来持つべき神や人々との交わりから私たちを遠ざけてしまいます。

クリスチャンならもちろん赦しを実践する「べき」だということは知っているでしょう。私たちは主の祈りの中で、「わたしたちの負い目を赦してください、わたしたちも自分に負い目のある人を赦しましたように」と祈ります。イエス様がこの祈りを伝えた後、弟子たちに与えた忠告も知っています。「しかし、もし人を赦さないなら、あなたがたの父もあなたがたの過ちをお赦しにならない」（マタイ六・一五）。しかし私たちは多くの場合、赦すこと、あるいは赦しを求めることなどできるとは思わないのです。傷が深すぎるために、私たちを傷つけた者が悔い改めることなどありえないと感じてしまうか、もしくは古傷を癒やすという手間をかけるよりも分裂の道を選んでしまうのです。一六世紀のスイスの教会記録の中には、「主の祈り」を忘れたふりをした男性のことが記録されています。もし彼が主の祈りを口にすれば、彼は自分を騙した商人を赦さなくてはならなかったからです。

私たちの物忘れがそこまであからさまではないとしても、多くの場合同じようにリアルなものです。赦しと和解のために求められている行動を知りつつ、意図的に背いたその［一六世紀の］クリスチャンよりも、私たちの置かれている苦境はより複雑でより困難かもしれません。私たちは、私たちにいのちを与えてくれる赦しの道を忘れてしまったキリスト教文化の後継者なのです。私たちは、この時代の精神に屈従してしまい、赦しを、罪悪感からの逃避という安っぽい物［心の平安］に変えてしまい、同時に「人を人として扱わず（man's inhumanity to man［ロバート・バーンズの詩の一節の引用と思われる］）」、赦しは不可能だと思うようになりました。つまり私たちは赦しを矮小化し過ぎると共に、重くて無理なものとしてしまったのです。

これらの落とし穴をもっとよく理解するために、架空の地域教会のクリスチャンたちの教会生活を例にして説明してみましょう。たとえば、教会のオルガニストが教会員と不倫をしていたとしましょう。教会員のほとんどが、これは教会を結びつけている信頼関係を破壊する罪だと認めるでしょう。そのオルガニストは教会の戒規規定により裁かれることになるでしょう。そしてほぼ確実に彼/彼女は教会を去り、カウンセリングを勧められることでしょう。同じようなことが相手の教会員にも適応されるかもしれません。しかしその教会員はその混乱の中で途方に暮れてしまうでしょう。そして当初のショックから立ち直った後、会衆はどのように「先に進む」かを考えるようになることでしょう。

この不倫の例え話の中で、赦しは本来のあり方よりも小さなものに変えられてしまっています。私たちは、当人にはカウンセラーとの面談を勧めることで問題をすませ、会衆には「先に進む」ように勧めるのです。どちらの場合も、私たちは人為的に作り出す「心の平安」のために、何が起きたのかという事実から目を背けるのです。そのようにして赦しは、聖書が目標とする、神との回復された交わり、そして互いとの回復された交わりと比べて、はるかに小さなものになってしまっています。この仮想の教会での性倫理の妥協の問題が何を表しているか。それは私たちの時代のキリスト教が、安っぽい赦しを与えるセラピー文化に対して大きな妥協をしているということです。赦しの実践は矮小化されてしまい、事実上無視されています。

私はこのようなケースにおいてカウンセリングが必要ではないと主張しているわけではありません。また会衆がこのような裏切り行為の後でも、より健全な未来に進んでいく方法を探す必要がないと言っているのでもありません。私が言いたいのは、私たちはこのような具体例を見ることにより、赦しとは、単に一度だけ、何かを語った、何かを感じた、何かを行った以上のことだと理解するということです。赦しとは、むしろ、罪の習慣に囚われ、壊れてしまっている私たちすべての者の中にあって、神の国に忠実である生き方なのです。

赦しを実践するということには、交わりの回復のために、人々と共に、人々のために、自発的に何かをするということが含まれます（もちろん、先ほど私たちが見たような危機的な出来事が起きる前に、このような生き方がなされている必要があります）。赦されるということには、私たちに与えられた新たな生き方を尊び、新たな真実さを持って語り、新たな生き方で共に生きるということを求め続けていくという思いが必要です。もし私たちが赦しを流行《はや》りのセラピーに矮小化してしまうなら、まことのいのちへの招待を無視してしまうことになるのです（Iテモテ六・一九）。

しかし、一方で私たちはセラピー文化の安価な赦し（私たちを傷つけた人のことを忘れ、私たち自身が傷つけた人のことを忘れさせるような赦し）に惹かれながら、他方では逃れたくても逃れられない人間関係における赦しの可能性を諦めるという誘惑にも晒されているのです。罪の習慣と悪が人に絡みついているため、私たちは暗闇が光をすでに覆い隠してしまったのではないかと感じるのです。私たちはこう考えます、すなわち私たちの唯一の希望は、自分たちが他の誰よりも効率的に、そして正しく力を行使する技術を得ることだ、と。そして多くの場合、このように諦めてしまうことには高価な代償が伴うことになります。それはしばしば暴力や他者に対する復讐なのです。

この誘惑がどのような影響を教会に与えるかについては、椅子をお互いに投げ合った役員会の出来事を思い起こすだけで十分でしょう。あのような爆発的な暴力が起こる前に、人々はいったいどのような教会生活を送っていたのでしょうか。明らかに、その教会の人々はお互いを傷つけていたのです。人々が口にした言葉、されなかった言葉、悪用されたお金、無視された寄贈品など、何が起こったにせよ、怒りと敵意が人々の間で自覚され、問題として取り上げられることはありませんでした。悔い改めと赦しのための一歩を踏み出すよりも、教会員たちは、同じような考えを持った者同士で戦略的に組むことにしたのです。少なくとも抑止力としての力のバランスを取れるように、そして最悪の場合、もし殴り合いになった場合でも人数で勝てるように。

教会の共同生活の中で、暴力と対《つい》になるものは、古代の人々がメランコリア（現代の私たちの言葉では鬱、あるいはより正確には絶望）と呼んでいたものだということを私たちは見逃しがちです。これは暴力の効果が内面化したものです。私たちには敵を制圧する力がないと思うとき、またキリスト教というものは「良い人として振る舞うこと」だと勘違いして、傷つけられた感情に蓋をし、その傷が私たちを内側から侵食し、コントロール不能な怒りとして爆発するときに、この「メランコリア」が起こるのです。あるいはルワンダの教会と北アメリカの教会との間には私たちが思っているほどの違いはないのかもしれません。

もし私たちがこの時代において赦しを体現するのであれば、まずは安価な赦しと高価な絶望という両方の誘惑を認識する必要があります。私たちの時代に特有の問題を無視することで、赦しという課題が簡単なものになるわけではありません。そして同時に、神の民がどの時代においても赦しの問題との戦いの中にあったことを思い出さなくてはなりません。五世紀のアウグスティヌスは説教の中でこのように記しています。会衆が彼らの敵のために祈るようにとのメッセージを聞いたとき、彼らは「祈ります」と言いました。「敵の連中が死ぬように祈ります[1]」と。

ヨナもまた赦しと格闘した預言者でした。ヨナは神が慈悲深く、進んで赦しを与えてくださる方であることを理解していましたが、神のそういうところが嫌いなのだと抗議したのです（ヨナ書四・一―三）。ヨナは、神を理解することが困難だったのではなく、彼がよく知っていたその神を愛することが困難だったのです。彼は神を愛したくなかったのです。なぜならこの慈悲深い愛と赦しの神は、ヨナにも他の人に慈悲深い愛と情けをかけるようにと期待されたからです。そしてヨナはまるで二歳児のようにだだをこね、神の慈悲深い愛の光の中で生きるより死んだ方がましだと言ったのです。

ですから神を知り、神の赦しを理解するだけでは十分ではないのです。この世界で、われわれの人生で、神の赦しを体現するリスクを喜んで取るように神を愛する。私たちはそのように召されているのです。セレスティンのような人々は、赦し赦されることが聖霊の助けによって本当に可能なのだということを示し、私たちを励ましてくれます。私たちはそれをこの目で確認し、神に忠実な歴史上の聖徒たちや共同体の物語の中で耳にしてきました。しかし私たちはどのようにしてそのような生き方を学べるのでしょうか。赦しが可能であると聞くだけでなく、赦しの人生を生きるためにはどうすればよいのでしょうか。

大舞踏会のための練習

私には高校時代、木曜日の夜に社交ダンスのレッスンに通っていた友人がいます。先生は厳しい年配のドイツ人男性で、ワルツを基本ステップに分解し、一つ一つの動きを説明しながら実演し、そしてクラスの一人一人が練習する間まるで叫ぶようにリズムをカウントしていました。私の友人はホームカミング・デーのダンスで女の子の気を引きたいという期待を持ってクラスに通い始めたのですが、もう少しでやる気をなくしてしまうところでした。先生のとぎれとぎれの動きや、強いドイツ語訛《なまり》で叫ぶワルツのリズムはお世辞にも優美とはいえませんでした。しかし数週間の練習の後、この年老いたドイツ人の先生はレコード・プレーヤーで音楽をかけ、クラスにいた一人の若い女性の手を取りました。そして彼女を宙に浮かせ、優美な円を描きながら部屋中をくるくると舞ってみせたのです。私の友人は、学んできたさまざまなステップがどのようにして一つとなり、ダンスを創るのかを目にしたとき、クラスに残ることを決めたと言います。

キリスト教の神学者たちが父、子、聖霊の関係を説明してきた方法の一つは、三者によるダンスのたとえでした。つまり、完全な愛によって常に自らを互いに差し出し、三者であり同時に一人であるのです。三位一体の愛は、神との交わりのために創られた私たちに神の愛として溢れ出ます。赦しは私たちが三位一体として礼拝する神の、まさに核心です。ですからイエス・キリストの贖いのわざを通し、聖霊の力によって、私たちが赦すことができるように赦されることによって、神のダンスに加わるときに、私たちは神の愛の動きに身を任せているのです。傷ついた人が神のダンスに身を委ねていく中で、神の赦しによって癒やされ、キリストの体の中で学び、生かされていくのを見ることほどすばらしいことはこの世にはありません。

しかし赦しのダンスを学ぶことは簡単ではありません。私たちの心、魂、知性、体は罪の習慣と悪に深く影響されているのです。人類は交わりを持つように創られたにもかかわらず、私たちは普通、お互いに惜しみなく自らを差し出すこともしなければ、心から相手を受け入れることもしません。そしてもちろん、信頼をもって相手に期待することもしません。その代わりに、私たちは他者を犠牲にして自分自身の人生を守ろうとします。つまり、私たちは相互破壊と死に向かうダンスのステップについてはよく訓練されているのですが、神の赦しのダンスを構成するステップについてはほとんど学んでいないのです。

ですから、私の友人が高校のダンス教室で味わったのと同じ苛立ちを感じるかもしれませんが、神の赦しを体現するために、私たちが招かれている神のダンスの六つのステップをここに記しておきたいと思います。今までの生き方とは違う、私たちにいのちを与えてくれる赦しがあります。それを学ぶには、時間と忍耐が必要です。それは私たちが現実のコミュニティーの中で他の人々と一緒にこれらのステップを練習し、聖霊に導かれながら私たちの思いと欲求が変えられていく中で実現します。ダンスを習う中で、私たちの動作は主の恵みによって導かれ、聖霊の力により形作られ、支えられていることを見出します。

六つのステップは、リハーサルしやすいように別々に記しています。しかし大舞踏会（愛するコミュニティーの中で生きること）においては、それらのステップは相互に関係しつつ一つのダンスとなっていきます。ダンスフロアで共に舞う二人の優雅な動きをバラバラにすることができないのと同じように、です。

真実を伝える

ステップ一　争いが起こったとき、誠実に、そして忍耐を持って語ること。

これは簡単なことではありません。私たちは実際に何が起こったのかということさえ同意できないのですから。二人の人間だけでも十分困難ですが、複数の人間が関わってくると非常に複雑になります。だからこそ私たちには正直さだけではなく、忍耐も必要になります。古代の神学者テルトゥリアヌスはこの徳を「憐れみの母」と呼んでいます。忍耐強く、かつ誠実であろうとするなら、私たちは何が起きているのかをよりはっきりと見極めることができます。

デューク大学神学部で行われた集会で、ブルンジから来た男性が「フツ族」と「ツチ族」の人種的な違いについて話しました。それはルワンダの虐殺時には生死を分けるものでした。彼は幼い頃、「ツチ族は高身長で鼻が長く、フツ族は低身長で鼻が小さい」と習ったと言います。しかしこれは彼をいつも困惑させました。なぜなら彼の母親は彼の父親よりも背が高かったからです。母親はフツ族、父親はツチ族でした。この矛盾から彼は考え始めました。このような人種的な分類の根拠は何か、なぜそれがそれほど大事なのか。彼は大学のクリスチャンの集まりでこの問いと葛藤しながら、彼は福音が、彼が今まで受け継ぎ当然だと信じてきた分裂に対して挑戦を投げかけているということが少しずつ見えるようになってきたと言います。何年も経った今、彼は母国でクリスチャンの和解のミニストリーの働きを行っています。

教会も多くの場合、「フツ族」や「ツチ族」と同じような分裂により断片化されており、不適切な矛盾に満ちているのですが、日常生活の一部になりすぎていて問題を特定するのが難しいのです。イエス・キリストを自分の救い主として受け入れ、洗礼を受け、和解の働きに参与するならば、これらの分裂が簡単に消えるかのようなふりをしてはいけません。むしろ私たちは何によって分断されているのかを時間をかけて対話する必要があります。これは緊急の課題です。イエス様は神への捧げ物以上に大切だと語っておられます。「だから、あなたが祭壇に供え物を献げようとし、兄弟が自分に反感を持っているのをそこで思い出したなら、その供え物を祭壇の前に置き、まず行って兄弟と仲直りをし、それから帰って来て、供え物を献げなさい」（マタイ五・二三―二四）。それは私たちがどこにいるとしても、今始めなければならないことなのです。しかし日没までにすべての争いが解決すると思ってはいけません。一刻も早く最初の一歩を踏み出す必要があると同時に、私たちが望む結果を得るためには忍耐が必要です。赦しには時間がかかるのです。

怒りを認める

ステップ二　怒りとつらさ、そしてそれを乗り越えたいと思う願いを認識する。

こういった感情が私たち自身のものであれ、私たちに対して怒りを抱いている他者のものであれ、それを否定するのはよくありません。それに、怒りはいのちのしるしでもあるのです。私たちはむしろ感情を隠したり、もっと悪いことに感情を押し殺してしまった人々に悩まされることがよくあるのです。高価な絶望のはらむ危険について先ほど言及したように、感情を押し殺してしまうことは、自分自身にとっても周囲の人にとっても非常に危険です。私たちは、怒りを愛に変える新しい生き方を始めることによって痛みを乗り越えることを学んでいくのです。

数年前、赦しに関する私の授業を受講した女性がいました。彼女はレイプの被害者であり、裁判の最中でした。間違いなく心がさらに傷ついてしまうと思い、私は彼女に授業を取るのを少し待ってはいかがですかと提案しました。しかしそれでも彼女は授業を取らせてくださいと言いました。

敵を愛することに関しての講義の後で彼女は私の研究室に来られました。「敵を愛することはよいと思いますし、イエス様がそう言ったことも知っています」。そして彼女は私に言いました。「それでも私はあの男に地獄で朽ち果ててほしいのです」。私は彼女の気持ちがわかりました。「先生は祈ることについて話していました」。彼女は言いました。「それはどういう意味ですか？」

私はこう質問しました。「あなたに代わって彼のために祈らせてくれませんか？」長い沈黙がありました。そして彼女は答えました。「そうですね……。わかりました」。

二、三か月が経ちました。ある日彼女がキャンパスで声をかけてきました。「彼のために祈っておられますか？」私は「祈っています」と答えました。彼女は「わかりました」と言いました。

六か月が経ち、彼女は私の研究室に来ました。「まだ祈っておられますか？」私は「祈っています」と答えました。すると彼女は「私もです」と答えたのです。私は彼女にどのようなことを祈っているのかと尋ねました。彼女は「わかりません。ただ彼の名前を呼んでいます」と答えました。二年後、彼女は私に手紙をくれました。彼女はまだ彼の名前を呼ぶことしかできないと言いました。「でも」と彼女は付け加えました。「先生がまだ彼のために祈っていることを願っています」。彼女の怒りと苦しみはまだとても深く、彼女はそれから目をそらそうとしてはいませんでした。しかし、クリスチャンとして彼女はそれを克服しようと、共同体の中での祈りの実践をし始めたのです。とても長い時間がかかるかもしれません。しかし私たちは、このダンスへと私たちを引き寄せ支えてくれるのは神の力であると信じています。キリストが復活されたのであれば死は打ち破られたのです。私たちの最も深い憎しみさえも愛へと変えられ得るのです。

他者への関心

ステップ三　神の子どもであるその人の幸福を求める心を奮い立たせる。

時には私たちの赦しのダンスパートナーは全くの赤の他人かもしれません。また時には親しくしていたけれども仲違いをした人かもしれません。いずれにせよ、私たちの苦しみの原因であるその相手を神の子どもとして見ることは、そういう人を単に敵、ライバル、脅威として見てしまいたくなる私たちの傾向に対して問いを投げかけているようなものです。今や彼らは、神にあって私たちの友となり得る人々なのです。

ヘレン・プレジャン（Helen Prejean）修道女は『デッドマン・ウォーキング（*Dead Man Walking*）』という感動的な本を書きました。そしてその本の最後に、残忍にも息子を殺害されたロイド・ル・ブラン（Lloyd LeBlanc）との会話を記しています。敬虔なカトリック信者だったル・ブランは、保安官代理と共に息子の遺体を確認するためにサトウキビ畑に到着した際、息子の亡骸の隣に跪き、主の祈りを祈ったとヘレン修道女に語っています。「これを行った者を私は赦します」と彼は言いました。ル・ブランは自分の苦しみ（そして苦しみ続けていること）を否定しませんでした。息子のいのちが暴力によってこれほど早く絶たれてしまった今、彼は失ったすべてのことを思い、嘆き悲しみました。しかし、息子の遺体の側で跪いたその日から、息子を殺したその人も神の似姿に創られた存在だと知ったのです。

ル・ブランがこのように赦すことができたということ、それは突発的な思いつきからではありませんでした。プレジャン修道女は、ル・ブランが何年もの間、毎週金曜日の朝に小さなチャペルで祈っていたことを記しています。彼は「すべての人のため、特に貧しい人、苦しんでいる人のため」に祈っていたのです。特に神の似姿を見出すのが最も困難な人々のために祈っていたと言ってもいいかもしれません。ル・ブランにとって祈りとは、危機的状況になってから思い立って決心するというようなものではないのです。むしろ祈りの習慣は彼の息子が殺害される以前から生活の一部となっており、彼をよく知っている人であれば、彼があの日サトウキビ畑で主の祈りを祈らなかったなら、むしろそのことに驚いたことでしょう。プレジャン修道女は、ル・ブランがいつも殺人者の母親のために祈っていたこと、そして彼女が亡くなる前に彼女を慰めに行ったことを記しています。一人で死と向き合うことになっていたかもしれなかったのに、この赦しのダンスによって、彼女はまったく思ってもみなかった友人に寄り添ってもらうことが可能となったのです。

認めること、記憶すること、悔い改めること

ステップ四　自らが争いに加担してしまっていることを認め、私たちが赦されていることを覚え、そして悔い改めの一歩を踏み出す。

これは被害者と加害者の違いを無視するという意味ではありません。人々はその行動の責任を自覚する必要があります。加害者は悔い改め、被害者が赦すことを躊躇している場合でも、赦しを乞う必要があります。そして極端なケースを除いては、私たちは同時に、自らのことを棚に上げて他者を非難する誘惑を抑えなければなりません。私たちは他人の目のちりを見ながら自らの梁に気づかないことがなんと多いことでしょう（マタイ七・一―五）。私たちは自らの過ちを無視する傾向があるのです。

セレスティンが、自分の家族を殺した部族の人々との経験で学んだことは、ほぼすべての分裂と崩壊の状況に当てはまります。悔い改めは、暴力の連鎖を断ち切り、神が新しいことをなさるためのスペースを創ります。家族を殺された者が、殺した者の家族の前で悔い改めるなどということが、どうしてできるのでしょうか。それは彼が神の裁きの恵みを知ったからです。イエス・キリストは、私たちに有罪を宣告するのではなく私たちに救いをもたらす裁判官です。ご自身が人となられ、罪人の友となられたことにより、イエス様はすべての人間的な裁きを裁かれたのです。イエス様は私たちの裁き合う性質に問いを投げかけられるのです。

私たちは裁きの必要性を無視してはなりません。罪はいのちの敵であり、打ち砕かれるべきものです。しかし他者の罪、あるいは自分自身の罪を具体的に認識し、自らの力で罪を一掃できると考えるなら、私たちは自らを欺いているのです。そうではなく、私たちは自らの罪を、神の裁きという贈り物を通して罪と認識できるようになるのです。私たちの罪は自らのいのちを私たちのために捨てられた方により裁かれ、同時に赦されているのです。私たちはこの方の裁きを受けた以上、他者を裁く必要はないのです。私たちはキリストにあって赦されたので赦さなければならないのです。セレスティンが言ったように「私たちに選択の余地はないのです」。

神の裁きによってこの世の癒やしの器と変えられるということを表す話が、砂漠地方の伝承にあります。［師父］アバ・モーセはエジプトの砂漠の追い剝ぎだったのですが、回心を経験しました。彼の話は悔い改めのお手本として語り継がれています。

スケーティスという所に問題を犯した男がいました。そこで人々は集会を開き［師父］アバ・モーセを呼ぶことにしました。しかしモーセは来ませんでした。司祭は彼に使いを送り、「みんながあなたのことを待っています」と伝えました。それでモーセは重い腰を上げました。モーセはヒビの入った瓶に水を入れ、一緒に持って行きました。人々は彼を迎えに出て来て言いました。「師父よ、これは何ですか？」年老いたモーセは答えました。「私の罪は私の後ろでヒビから流れ出ています。しかし私にはそれが見えません。それなのに私は他人の犯した過ちを裁く場所に着こうとしています」。この言葉を聞くなり、彼らは集会を解散しました。[2]

他者を裁くことを拒むのは罪を矮小化するということではありません。むしろアバ・モーセやセレスティンが示してくれたように、それは私たちがみな人生において共有している赦しの必要性を学ぶことなのです。実際、このステップによって癒やしが可能になるのです。「他者を裁く権利があると思い込んだり、自分は霊的に成熟していると自信をもって病気の人のために遠くから薬を処方できると思い込むことは、実は魂の治療を必要とする人々に何もせず放っておくのと同じことなのです」とローワン・ウィリアムズ大主教（Rowan Williams）は記しています。ウィリアムズ大主教はまた「それは彼らを神との関係から断ち切ることであり、霊的な奴隷状態に彼らを放置し、あなた自身の奴隷状態を強めることにほかなりません[3]」と語っています。私たち自身が悔い改めのステップを踏み出すことにより、神が与えようとしてくださっている、私たち双方にとって必要な癒やしのスペースをつくることになるのです。

変わることへの決意

ステップ五　争いの原因、そして争いが続いている原因。それが何であれ、困難でも変えていくという決意をする。

赦しとは、罪を赦すという単なる後ろ向きの態度だけでなく、コミュニティーを再建するという前向きな姿勢をも持つのです。悔い改めと変化においては、赦しが先導役を担う必要があります。人々の生活が脅かされ、破壊されているあらゆるところで、赦しが預言的な抗議を導いていく必要があります。赦しと正義は密接に関連しているのです。

赦されるということは、解放と愛を経験することであり、それによって今度は私たちが他者を――囚われ人、死の宣告をされた人々、そして死から逃れられないと感じている人々を――解放するという神の働きに参与することになるのです。破壊され分断されているこの世界において赦しのダンスを学ぶということは、破壊や分断が続くようにさせようとするあらゆるものに対して戦いを挑み、転覆させていくステップを学ぶことを常に意味することになるでしょう。私たちは、イエス様がエルサレムの城壁の外で処刑されたのは、革命的な暴力を起こそうとしたからではなく、罪の赦しのためであったということを決して忘れてはなりません。神のみが罪を赦すことができるのです。そしてイエス様の時代の宗教指導者たちは、そのような行為は彼らの既得権益を壊し転覆させるものだということを知っていたのです。だからこそ彼らはイエス様を冒瀆罪で訴え、すべての人類と共に、イエス様に死の宣告をくだしたのです。

私たちは多くの人が非難され、時には「神の名」によって責められている世界に生きています。この世界で、赦しのダンスを踊るには、正義のために立ち上がり、苦しんでいるすべての人に対して神の赦しの言葉を届けることに繋がる一歩を踏み出すことが求められています。フリーダム・ソングの歌詞には、「自由を信じる私たちは、自由が実現するまで休息はない」とあります。もし、マーティン・ルーサー・キング牧師（Martin Luther King）が私たちに教えてくれたように、どこかに不正があれば、それはあらゆる所における正義への脅威となります。そうであれば、赦しのダンスを覚えた教会の働きには、キリストにあって私たちが経験した自由を、あらゆる所にいる神の子どもたちに広げていくということも含まれているでしょう。私たちに「赦しなくして未来はない」と教えてくれたデズモンド・ツツ大主教（Desmond Tutu）のことを覚えていなければなりません。

ツツ大主教は何十年も南アフリカのアパルトヘイトの不正と闘いました。彼はまた、自分に託された権威あるポジションにおいて、誠実にすばらしいリーダーシップを発揮しました。

未来への希望

ステップ六　和解の可能性を切望することを告白する。

状況があまりにも悲惨であり、和解が不可能に見えるときもあります。そんなときには、祈りと苦闘以外にできることはないと思えてしまうことがあります。しかし、和解をゴールとし続けることは、たとえそれが「望み得ないときに望みを抱く」［ローマ四・一八参照］ことだとしても、重要です。神がすべてのことを新しくすると約束してくださったことを思い出させてくれるからです。ディートリッヒ・ボンヘッファー（Dietrich Bonhoeffer）はナチズムとの戦いの渦中において主張しました。私たちは最終的そして究極的な神の赦しの言葉のために「道を備える」ことによって、イエス・キリストにおける神の赦しに応答するのだ(4)、と。私たちはしばしば、家庭内における分裂さえ乗り越えることができないという現実に直面します。ましてや国家間の憎しみともなれば、乗り越えることがどれほど難しいことでしょう。しかし、私たちは希望を失う必要はありません。分断を越えようとして行われたすべての具体的な行動――すべての祈られた祈り、すべての差し出された謝罪、すべての分かち合われた食事――は、イエス・キリストのいのち、死、復活によって、私たちの罪の歴史と習慣が決定的に断ち切られたことを示すしるしなのです。

そのために共同体における赦しのリズムと実践がとても大切なのです。それはすべての苦しみを忘却の海に洗い流すことでもなく、敵意が怒りの言葉や椅子の投げ合いへと発展しないことを保証するものでもありません。そうではなく、クリスチャンの赦しを考えるとき、他のすべてのコミュニティーと同じように、クリスチャンのコミュニティーにも破れがあり、癒やしが必要だということを認めます。私たちはすでに完璧だから集まるのではないのです。誠実で、私たちを豊かな人生の交わりという永遠のダンスに招こうとしておられる神から、信仰のステップを学ぶために、私たちは集まっているのです。

イエス様を見続ける

そうであるとすれば、赦しの実践は私たちが想像した以上に豊かで包括的なものなのかもしれません。赦しを実践するということは、私たちの罪を赦す手段としてよりも、神や人々との交わりがどのようになり得るか、どのようにあるべきかを思い起こさせる、恵み深い刺激として、働くのです。私たちは主の体と血を受ける前［聖餐式の前］に互いに罪の告白をします。それは、イエス・キリストを通して現された、自らを与える神の愛によって、復讐と暴力、そして抑圧と絶望の論理が破壊されたということを私たちが信じているからです。罪を告白し合い、聖餐にあずかることにより、私たちは自らが罪人であることを思い起こすばかりでなく、私たちはキリストによってすでに贖われ、そして現在も贖われているのだということを思い起こすのです。つまり私たちは思い出すのです。私たちが大きな舞踏会に招かれているということを。

赦しのステップを実践することは簡単なことではありません。安価な赦しと高価な絶望に慣れてしまっている私たちはふらつき、お互いの足を踏んでしまいがちです。たとえ「すべてがよくなる」と信じていたとしても、現実に赦すということは困難が伴うことがあります。それを否定することはしません。しかし私たちは、先ほど紹介した友人のダンス・クラスで、インストラクターによって宙に引き上げられた若い女性のことも思い出さなければなりません。他の人と同じように、彼女もどうにかステップを学んだばかりでした。彼女はまだ熟練したダンサーというわけではありませんでした。しかし、その道を極めた者の手の中で、彼女は恵みを映し出す者として用いられたのです。

熟練したダンサーが時に初心者に与えるアドバイスがあります。「下を見るな。私から目を離さず、私のリードについて来なさい」。もし私たちが、赦しのダンスのパートナーを、破れのある難しい他者としてしか見ていなければ、私たちは苛立ちを覚え、互いにステップの踏み間違えで躓き、そこまで苦労して一緒にやっていく価値はないとあきらめてしまうことは避けられないでしょう。しかし良い知らせがあります。それは、私たちが、父、子、聖霊の永遠のダンスに招かれているということです。招いてくださった方は、私たちの間を歩きながら、御自身がすべてのステップの達人であることを見せてくださいました。大切なことは「下を向かないこと」です。あるいは、ヘブライ人への手紙が思い起こさせてくれるように、信仰の創始者であり完成者であるイエス様から目を離さないことです。

1 William Harmless, *Augustine and the Catechumenate* (Collegeville, Minn.: Liturgical Press, 1995), pp. 290-91 の引用を参照せよ。
2 Benedicta Ward, *The Sayings of the Desert Fathers* (Kalamazoo, Mich.: Cistercian, 1984), pp. 138-39.
3 Rowan Williams, *Where God Happens* (Boston: New Seeds Books, 2005), p. 23.
4 *Ethics* 1.4 を参照せよ。

第3章　キリストを着る

セレスティン・ムセクラ

ＡＬＡＲＭ（「アフリカにおけるリーダーシップと和解のミニストリー」［African Leadership and Reconciliation Ministries］）での一五年間の働きの中で、グレッグが二章で説明した「赦しのダンス」に多くの牧師や地域のリーダーを招き入れることができました。彼が言うように、私たちは皆、初心者なのです。キリストにある新しいいのちに生きようと、弱々しい一歩を踏み出すとき、私たちは躓いてしまいがちなのです。しかしキリストにしっかりと目を留めるとき、私たちは、私たちを赦してくださった方によって、自分の能力を超えて赦すことができる者へと変えられていくのです。

壊れた家庭であれ、分裂した教会であれ、戦争中の国であれ、平和は、決して特別な能力や強い意思を持つ人によってもたらされるのではありません。赦しというのはどのような場合であっても贈り物なのです。赦しは、新しい衣服のように、私たちの恥を覆い、天国での晩餐のために私たちを着飾ってくれるのです。それだけではありません。神が私たちを赦しのダンスに導き入れられるとき、顔と顔とを合わせて神に抱きしめられる中で、創造者との関係が回復されたことに私たちは圧倒されてしまうかもしれません。そしてそれと同じように大切な真実を忘れてしまいます。私たちは新たな服を着ており、他の人たちの目に映る私たちの姿は変わっているのです。私たちがキリストを着るとき、私たちは新たな姿となり新しい人となるのです。

「あなたがたは神に選ばれ、聖なる者とされ、愛されているのですから、憐れみの心、慈愛、謙遜、柔和、寛容を身に着けなさい。互いに忍び合い、責めるべきことがあっても、赦し合いなさい。主があなたがたを赦してくださったように、あなたがたも同じようにしなさい」

（コロサイ三・一二―一三）

コロサイ三章一―一七節において、死んで復活されたキリストと自らを重ねることにより、私たちは新しいアイデンティティーを受けているということを使徒パウロは思い起こさせてくれています。この新しいアイデンティティーを受けることによって、私たちは、考え、思い、願い、行いにおいて新しい視点を得ます。その視点は私たちに、交わりを壊し、混乱させ、緊張を作り出すような振る舞いを見直すように語りかけます。キリストと自らを重ね合わせる者は、共同体を建て上げる方向に考え、行動する必要があるのです。キリストに倣うことにより、そして聖霊によって力づけられることにより、私たちは同情心、優しさ、謙遜、柔和、忍耐といった徳を身につけるのです。これらの徳によって私たちは争いや口論から守られます。しかし、私たちはそれらを完璧に制御することはできません。それらの徳は誰一人傷つかないということを保証するものでもありません。赦しとは、これらの徳と協調して実践される作品であり、神の言葉が実践され、神が礼拝されている共同体の中で、一致と平和のために愛によって実を結ぶものなのです。

　赦された者、赦しを実践する者として新しいアイデンティティーを与えられた私たちは、自分自身の人格を見直すこと、そして他者の中に（たとえ私たちが敵視してしまう人であっても）神の似姿を見出していくことが求められます。この新しい観点は自然に生まれるものではありません。不平等、民族の違いによる暴力、人種差別、性差別、結婚の破綻、破れた期待、失望といったことが起こった壊れた社会において、赦しを与え、赦しを受け取ることは困難です。私は、さまざまな深い痛みの経験について聞く中で、私たちの人生において癒やしを必要とする三つの傷に気づきました。それは心（heart）の傷、思考（mind）の傷、そして自分自身や他者に対する不正な言動（action）を繰り返すという傷です。

心理学者やソーシャルワーカーがしばしば思い起こさせてくれるように、加害者は加害者になる前にまず被害者であったのです。罪と自己中心によって歪んだ世界において、私たちの心は頑《かたく》なになる前にまず傷ついているのです。私たちが感情のレベルで傷を負ったとき、私たちの頭は復讐を考え、計画するようになります。そのようにして私たちは傷つける行動をとるようになるのです。私たちを傷つけた人に対してだけでなく、自分自身に対してもそれ以外の人に対してもそうしてしまうのです。私たちの心と思考が新たにされないかぎり、私たちの言動は、怒り、復讐、自己破壊の果てしないサイクルの中にはまり込んでしまいます。

自分自身の人生や他の無数の人々の人生において、赦すという実践を通して神が私たちの心や思考や言動を癒やすことができるという良い知らせを私は見てきました。人や共同体がこうしてすっかり新しくされることこそ、イエス様のメッセージの中心であり、この世における教会の働きの中心であると、私は確信しています。古い傷が癒やされ、キリストの体の一部であるという私たちの新しいアイデンティティーをもって築かれる新しい関係の可能性を目の当たりにするとき、「キリストを着る」とはどういうことなのか、それがわかってきます。

新たな心

怒り、憎しみ、恨みの感情によって心が病んでいきます。悪しきことによりどれほど心が病んでしまったか、そんな話を私は数え切れないほど多くの人から聞いてきました。また、苦しみによって気持ちが落ち込み、罪なき配偶者、子どもたち、親戚や隣人との関係が壊れてしまったと告白してくれた人々もいました。赦すことのできない人々は、心の苦しみによって二重の被害者となってしまうのです。加害者からの被害者として、また自らの憎しみによる被害者として。

私は、今まで部族間の赦しと和解についての講演会や訪問を数多く行ってきましたが、そこで心を病んだ多くの人々に出会ってきました。その中には牧師や教会のリーダーたちもいました。また私は、誠実な赦しによって心の衰弱から解放され、生きる目的と、共同体に喜んで仕える心を持った新しいいのちへと変えられていく姿も見てきました。グル［ウガンダ北部の県］から来たオコー牧師（Okoch）は、赦しと和解をテーマとした集会で心の癒やしを経験しました。そしてその後、自分がいかに赦しを知らない人間だったかという赦しについての証しを何百人もの牧師と教会リーダーの前で分かち合ってくれました。

ウガンダ北部における長年の戦争では、両親を殺害した者たちによって拉致され、軍隊に加えられた孤児たち、いわゆる「姿の見えない子どもたち（invisible children）」が生み出されてきました。さらには政府の軍隊や反乱軍による（特にジョセフ・コニー［Joseph Kony］の「神の抵抗軍」［LRA＝Lord's Resistance Army ジョセフ・コニーはその指導者］による）残虐で無分別な殺戮で夫を失った女性たち、子を失った親たちが数え切れないほどいます。LRAの反乱軍に加担したという疑いにより、グルの町の商店街で政府軍の兵士が自分の父を絞首刑にする瞬間を目撃したとき、オコー牧師は八歳でした。怒りと憎しみを心に抱えたまま成長したオコー牧師は、ヨウェリ・ムセベニ政権［ウガンダの第七代大統領］の軍隊によって殺害された父やアチョリ族の人々のための復讐の方法を模索するようになっていました。オコー牧師は政府に対してだけではなく、政府に加わった他の部族に対しても怒りを抱いていました。ウガンダ北部の教会の牧師になった後も、オコー牧師は政府がやることすべてに対して怒りを覚えていました。政策の善し悪しは関係ありませんでした。彼にとって、政府関係者——大統領、議員、政党の党首、ウガンダ軍や警官、また政府に協力するすべての部族——は泥棒であり殺人者だったのです。

二七年間にわたる怒りと恨みによって、オコー牧師の心は毒されていました。彼から出るものすべてが、彼の家族や共同体にとって有害なものでした。それは彼の教会の人々にとっても同様でした。オコー牧師は次のように語ってくれました。「牧師として、過去八年間、私は赦しについて語ったことがありませんでした。なぜなら私は誰をも赦したくなかったからです。私の教会の中にも嫌いな人々がいます。それは私が〝間違った人々〟〝間違った部族〟〝間違った政党〟だと考えるグループに彼らが属しているからです。私は誰をも赦したくありませんでした。それで私は赦しについて語りたくなかったのです。私は怒りで満ち溢れ、そのような人々が教会に存在しているということで、自分自身のことも嫌うようになっていきました」。オコー牧師は自らの怒りの被害者となっていたのです。父親の屈辱的な死と部族への迫害は、彼の心を真っ黒にそして硬く変えてしまいました。彼には赦しと平和への道を示してくれる人がいなかったのです。

私たちが出会ったときには、この状況はさらに悪く、悪魔的になっていました。オコー牧師は後に告白してくれました。ムセベニ政権への怒りのために、オコー牧師は、政府や彼が敵対する部族との戦いにおいて、神が彼に味方してくれるようにと祈り求めるほど危険な人物に変わってしまっていたということを。「悪魔が政府とウガンダの大統領に取り憑いてくれますように」とオコー牧師が祈っていたということを聞き、私たちは非常にショックを受けました。

会場となった農業大学の教室で感じたことを私は鮮明に記憶しています。憎しみと闇がひしひしと伝わってきました。そして私は、彼がこのような恥ずかしいエピソードを参加者全員に分かち合うきっかけを自分が作ってしまったのではないかと考え始めました。私の同僚のネルソン(Nelson)とジェシカ(Jessica)が驚いた表情で私を見つめていました。私は彼の証しをそこで終わらせるべきか、続けさせるべきかわかりませんでした。そこには、ただアフリカ人の牧師や信徒リーダーが部屋にいる状況では通常考えられないような静けさがありました。

オコー牧師は震えていました。そしてネクタイで頬の涙をぬぐっていました。参加者の中にも彼と共に泣き始めた人が大勢いました。明らかに、多くの参加者がオコー牧師と共に心の回復と刷新への旅を始めていたのです。私はこの部屋に、心に傷を負った人たちの交わりを見ました。しかし同時に、かつては敵同士だったこの部族の共同体のために、神が新しいことをなさろうとしているのだということも感じました。

オコー牧師はこれまで、クリスチャンとしての自分の人生と働きのなかで、心の中に憎しみの根が張っていくままにしていました。冷酷で無慈悲で、思いやりや優しさはなく、彼が共同体内の敵と判断した者との関わりを一切持とうとしなかったのです。彼の心に平安はなく、同時に他者へ平安を願う思いもありませんでした。彼はただ敵に悪いことが起こるようにと願い祈っていました。さらに悲しいことに、憐れみと同情と赦しの方である神を、自分の問題の泥沼に引きずり込んでしまっていました。彼の心は病んでおり、思いは毒されており、彼の行動は彼自身にとっても、周りの人々にとっても破壊的なものでした。

しかし、恵み深い神はオコー牧師に新しいビジョンと心を与えられました。二七年たって初めて彼は自由になれること、心と思いが新たにされることが可能だということに気づいたのです。彼は自らの物語を語り続けながら、部屋を見渡し、その場にいた牧師たちの名前を呼び始めました。彼は赦してくれるように頼みました。オコー牧師は彼らのことを憎んでいたからです。そして彼はまた、自分がグルの牧師会を破壊しようとしていた者たちの一員だったということを告白しました。それはウガンダの他の部族や地域の牧師や教会のリーダーたちと交わりを持ちたくなかったからでした。オコー牧師は、ウガンダ政府を含むすべての人に対する憎しみを悔い改め、二日後の日曜日に、自分が憎しみと怒りと復讐心に溢れた牧師であったことについて会衆に赦しを求めることを約束しました。そして、自分の心を変えてくださった神が、彼の思いを新たにし続け、彼がすべての人に対して平和と愛の実を結ぶことができるように祈ってほしいと願いました。

するると、男女数名が立ち上がり、悔い改めの告白をしたこの兄弟に赦しを与え、同時に自らの同胞が部族的な暴力の中で犯した罪について謝罪しました。しかし、私たちの多くはオコー牧師と自分を重ね合わせて考えていました。私たちはお互いの部族が犯した悪事に対して声をあげなかっただけではなく、キリストにある兄弟姉妹を含め、お互いに相手に対して憎しみと敵意を抱くようになっていたのです。私たちはお互いを憎み、神を憎む者となってしまっていました。私たちは皆、神を知る以前の肉欲を脱ぎ捨てる代わりに、怒り、憤り、悪意、攻撃的な言葉、中傷、他者を悪魔化し非人間化するということに浸かりきっていたのです。私たちは傷ついた自らの心を守りながら、キリストにある新しいいのちの賜物を拒絶していたのです。

オコー牧師の正直さは、私たちがキリストを「着る」ことがいかに大切なことかを知る助けとなりました。感謝なことに、神の赦しは私たちの傷にとって軟膏のようなものです。私たちが自らを守ろうとしていたときには想像もしなかったような方法で私たちを癒やしてくれます。良い医者のように、神はしばしば私たちが治療を最も望んでいないときに介入されます。そして私たちの古傷に触れ、私たちの涙と抵抗の中で手を差し伸べてくださるのです。私たちが知っているか否かは別として、このようにして全人的な変化が始まるのです。イエス様が私たちに聖さという徳を着せてくださろうとされるとき、まず私たちの壊れた心に触れ、邪悪な思いを新しくするところから始められるのです。

新たな思い

キリストにある新しいアイデンティティーを受け取った者として、クリスチャンは考え方を新たにしなければならない、とパウロはコロサイのクリスチャンに対して語っています。あなたがたは地上のものに目を留めるのではなく、肉の思いを新たなキリストの知識に替えることによって、天のことがらに目を向けるようにしなければならない、というのです。キリストを通して、あらゆる部族、人種、あらゆる社会的・経済的立場にある人々が赦され、和解させられるのです（コロサイ三・一〇―一一）。パウロは、思いが新たにされたのだから行動が変化すると考えています。パウロはローマ、エフェソ、コロサイの信徒たちに対して、思いを新たにしていただくようにと教えています。それは日常生活やキリストの証人としての歩みにおいて神の御心を知り、理解することができるようになるためです（ローマ一二・二、エフェソ四・二三、コロサイ一・九、三・二）。デイビッド・ガーランド（David Garland）が述べているように「クリスチャンは、自分たちが神聖なものを中心に生活していることを恥じる必要はありません。私たちは現実について他とは違う理解、そして他とは違う生き方をこの世に提示しているのです。それは現代社会が常識としているものとは異なるのです(1)」。

神が私たちの心に触れ、癒やすだけでは十分ではありません。私たちの思いの中で恨みが大きくなり、痛みや傷を思い出すからです。私たちの思いは、私たちがある人を、部族を、民族を、また特定の罪、攻撃や傷を絶対に赦してはならない、とその理由をささやいてきます。そのようにして私たちの心は毒されるのです。私たちは頭の中で他者を裁き、判決を下し、処刑するのです。彼らに、弁解や弁明をし、過失を認め、罪を悔い改める機会を与えることもせずに。私たちの行動はほとんどすべて頭の中で計画され実行されているのです。だからこそ私たちの思いが新たにされることが、私たちの行動を変えるために非常に重要なのです。

変革は、心が癒やされ、思考が新たにされるところから始まります。パウロはローマの信仰者に対して、この世的な考えへの処方箋は新しく変えられた思いであると述べています。「あなたがたはこの世に倣ってはなりません。むしろ、心を新たにして自分を変えていただき、何が神の御心であるか、何が善いことで、神に喜ばれ、また完全なことであるかをわきまえるようになりなさい」（ローマ一二・二）。怒り、恨み、そして赦せない思いによって考えが蝕まれていきます。私たちの人間関係が親しい人によって傷つけられることがあります。そのとき、私たちは一緒に過ごした良き日々をたちまち忘れ、彼らがたった今行った悪だけを見てしまうのです。復讐する方法や対等に傷つける方法を求めなかったとしても、すぐに私たちは相手を避けようとし始めます。私たちの思いは、他者を責めること、そして裁くことに容易に傾いていきます。そして自分の悪しき計画に理由と正当性を与えようとするのです。同時に壊れた関係において自分自身が犯した負の役割が見えなくなっていくのです。互いに対して親切であるようにという神の願い、「神がキリストによってあなたがたを赦してくださったように、赦し合いなさい」（エフェソ四・三二）、を意識的に忘れて、クリスチャンは痛み、対立、暴力に向かいながら、この悪循環を続けているのです。

クレメンティーヌ（Clementine）は真面目に働く美しい女性でした。彼女に出会ったのは二〇〇九年の八月、私がコンゴ民主共和国のゴマにミニストリーで出かけたときでした。初めて出会ったとき、彼女は私の手を洗い、ゴマの私たちの同僚の家で夕食を作ってくれました。彼女は自分に「正しく考えること」を教えてくれた組織（ＡＬＡＲＭ）を立ち上げた神の働き人のために仕え、助けになりたいと私の同僚に伝えていたのです。私は翌日になるまでそのことを知りませんでした。翌日になり私の同僚たちが、ＡＬＡＲＭの聖書的赦しの教えが、コンゴ東部で苦しみを経験している家族や地域によい影響をもたらしていることを知らせてくれました。また、ＡＬＡＲＭの牧会リーダーシップ訓練機関（ＰＬＴＩ =Pastoral Leadership Training Institute）の、主任リーダーたちの小グループを訓練する三年間のプログラムをその日卒業することになっている学生たちのことを聞きました。クレメンティーヌは卒業生のうちの一人だったのです。

クレメンティーヌの心は自分の家族に裏切られたことによって頑なになっていました。クレメンティーヌの結婚式の前日、伝統的な贈り物が花嫁の家族に贈られてきました。そのうちの一つは母親のために用意されるものでした。母親だけがその贈り物を受け取ることが許されていたのです。しかしそれまでクレメンティーヌが自分の姉だと思っていた人物が、花嫁の母親が受け取るはずのその贈り物を受け取ったのです。クレメンティーヌは驚き、恥ずかしく思いました。それは心がかき乱されるような真実が明らかになった瞬間でした。クレメンティーヌが「母」と呼んでいた人物は、実は彼女の祖母であり、共に育ち、共に笑い、共に泣き、共に人生の秘密を分かち合ってきた「姉」こそが実は彼女の生みの親だったことを知ったのです。

クレメンティーヌは未婚の若い一〇代の少女から生まれたのです。彼女が生まれたとき母親があまりにも若かったため、クレメンティーヌは当時まだ子どもを産むことが可能であった祖母の子として育てられたのです。少女の妊娠、未婚というタブーの恥、罪悪感、そして汚名から、家族の欺瞞によってではありましたが、クレメンティーヌは守られていたのです。だから彼女はこの家族が実の母、父、姉、弟だと信じて育ちました。しかしクレメンティーヌは結婚前日に真実を知ってしまい、心に大きな傷を受けました。彼女の思いは、本当の（母親だと思っていた）祖母と、（姉だと思っていた）彼女を産んだ母親に対する憎しみと憤りで塞がれてしまったのです。

それから一三年間クレメンティーヌは家族と口を利きませんでした。彼女は家族を憎み、心の中で死んだものと見なしていたのです。彼女の憎しみは愛よりも大きくなっていました。家族がしたことを赦したくないという思いがクレメンティーヌの思いを毒しました。そしてその毒は罪なき夫と子どもたちだけではなく、周囲の人々にも及んでいったのです。彼女は自分の「母（祖母）」と

「姉（母）」、そして他の家族についても、彼らの中に何か良いこと、美しいこと、価値があることがあるとはとても考えられなかったと語ってくれました。それだけではなく、彼女は自分の夫と子どもたちのことも愛することができませんでした。自分が受けた悪以外のことを考えることができなくなったため、喜びもありませんでした。憎しみ以外のものを心で感じることができないような思いになっていました。

しかし、クレメンティーヌが自分の罪の赦しの代価を理解し、自分が赦されたように自分も他者を赦すようにと神が命じておられるとわかった時、彼女の思いは新しくされました。新たにされた思いそして新しい生き方の旅が、我々の団体（ＡＬＡＲＭ）から受けた優しさや同情心の経験と共に始まりました。彼女は私たちのマイクロ・ファイナンスとエコノミック・エンパワーメントのプログラムを通してＡＬＡＲＭに出会いました。そこでは小グループの女性たちが基本的なビジネス・スキルの訓練を受けたのち、小さな事業を始めるための少額の融資を受けるのです。クレメンティーヌは、自立して家族を養うための起業を目指す女性たちを対象とした小グループのメンバーでした。ＡＬＡＲＭでビジネスの訓練を受けて少額の融資を受け取るまでは、彼女は夫が子どもたちを養うお金を持って帰って来るまで家で待っているしかありませんでした。しかし今は、彼女は店で豆とトウモロコシを売っています。夫もクレメンティーヌと一緒に働いています。彼女は集客のため、また穀物の入った重い袋を運んでもらうために、他に三人の男性を雇いました。彼女は得た収入で子どもたちを育て教育することができるようになりました。それだけでなく、水道を家に引くこともできました。

神は、赦しについての会議を通してクレメンティーヌの心と思いに素晴らしい変化をもたらされました。私のゴマでの同僚マリー＝ジャンヌ（Marie-Jeanne）と、影響力を持つ他のコンゴ人女性たち一〇名（弁護士、大学教授、人権活動家、女性権利擁護団体のリーダー、北キブ地域の議会のメンバーを含む）が、女性と平和構築、紛争解決、人権啓発のためのキガリ［ルワンダの首都］での二週間のトレーニングに参加しました。ＡＬＡＲＭがこのトレーニングを準備したのですが、ブルンジ、コンゴ、ルワンダから三六名の女性リーダーたちが参加しました。ここで私はルワンダの虐殺と、ブルンジとコンゴ東部で行われている民族・部族間の暴力という文脈における、聖書的な赦しと和解について講義をしました。参加者の多くは、そこで初めて共同体の癒やしと和解のプロセスにおける赦しの重要性について理解しました。人々は結婚生活の中で、職場で、そして地域の中で和解を実践するという課題を受け取りました。ほとんどの参加者は、自らが赦すだけではなく、同時に赦しを他者に教えるという決意をもって訓練を終えました。ほとんどの参加者は、その地域の平和構築団体の大多数に、赦しという要素がないと感じていました。

ゴマに帰ったのち、コンゴの代表者たちは赦しについての会議を開催し、その集会にクレメンティーヌが参加したのでした。赦しについての力強いメッセージがあり、その後、マリー＝ジャンヌが個人的な証しを分かち合いました。彼女は、一切れのパンを盗んだと言われて継母に両手を縛り上げられ、灯油をかけられ、火をつけられそうになりました。その継母をどのようにして赦すことができるようになったかを語りました。このようなメッセージと証しを聞き、クレメンティーヌは、自分も、家族に対する恨みを手放すことにより、毒々しい思いから解放されることができるようになると気づいたのです。クレメンティーヌは、思いが新たにされ、心が解放されない限り、自分の夫と子どもたちを傷つけ続けるだろうという真実を突き付けられたのです。勇気を出して友人たちに、自分の傷ついた心の癒やしと思いの刷新のために祈ってほしいと求めたその日が、クレメンティーヌにとっての勝利の日となりました。クレメンティーヌの人生は回復され、自分を傷つけた人々を探して赦し、再び愛するという旅を始めたのです。

新しい行動

赦しを通して心が癒やされ、思いが回復するとき、共同体を建て上げる新しい姿勢と態度が生まれてきます。パウロはコロサイ三章一二節において信仰者に同情心、謙遜、忍耐、親切、寛容、赦しを持つようにと説き、これらの生き方こそが、キリスト者と、それ以外の人々を分けるものなのだと念を押しています。教会はさまざまに異なる民族的、社会的、文化的なグループから成り立っています。そのためそこには常に緊張が生まれる可能性が潜んでいます。しかし、ジェリー・サムニー（Jerry Summey）が述べるように、「たとえどのような緊張関係があるとしても、共同体のメンバーは、コロサイ三章一二節に述べられている徳に従い、お互いを認め合わねばならない。たとえメンバー同士にどのような違いがあろうとも、彼らはすべて神に選ばれ、愛されている者としての共通のアイデンティティーが与えられているのである。たとえどのような非難を受けたとしても、彼らは彼ら自身が受けた赦しへの応答として、そしてその赦しに倣うものとして、兄弟姉妹を愛し続けねばならない(2)」のです。

クレメンティーヌと、家族の何人かは赦しの教えに出会う以前から教会のメンバーでした。しかし彼女たちには交わりや親しさが全くありませんでした。失望と恥から、物理的そして心理的な分断が起こっていたのです。今日の多くの教会において名前だけのクリスチャンがいますが、彼女たちも神の恵みについて歌い称えながらも、恵みによって触れられ、変えられてはいなかったのです。彼女たち自身、自分たちの関係に何か問題があるとわかっていながら、どのようにその問題を取り上げればいいのかわからず、牧師も彼女たちを助けることができませんでした。彼女たちは和解の源に属していると公言しながらも敵同士として歩んでいたのです。彼女たちは、罪に対する神の赦しについて歌いながら、その同じ赦しを互いに与えることはできずにいたのです。彼女たちの態度も行動も自分たちのそれまでの歴史によって傷ついていました。

私がクレメンティーヌに出会ったときには、彼女はすでに母、祖母、そして親戚を赦していました。PLTIを彼女が卒業する日、クレメンティーヌの夫は、ALARMがその赦しの教えを通して、自分に新しい心と新しい思いを与えてくれたと語りました。一五年に及ぶ彼らの結婚生活は、クレメンティーヌが赦しの力を体験したその日から平和と落ち着きをもつようになりました。

なぜクレメンティーヌは、その日、彼女の店の番をすることよりも私のために食事を作ることを選んでくれたのでしょうか？　なぜＡＬＡＲＭを立ち上げた見知らぬ人に会いたいと思ったのでしょうか？　彼女にとってそれはどのような意味があったのでしょうか？　クレメンティーヌは、怒り、憎しみ、憤りという牢獄から解放されたとき、ＡＬＡＲＭが彼女の人生を修復してくれたように、赦しのメッセージを多くの人々に届けるために、どんな方法であってもいいからマリー＝ジャンヌを手伝い、助けになりたいと伝えたのでした。そしてまた、マリー＝ジャンヌに赦しについて教えてくれた人に会いたいと言いました。なぜなら、マリー＝ジャンヌが赦しについて学び、彼女の継母を赦していなければ、クレメンティーヌ自身も赦しについて学ぶことはなかったからです。彼女のもてなしは感謝の表れでした。私たちがもてなしを受けたのは、神が彼女にイエス・キリストを通しての良き知らせを伝えるために私たちを用いてくださったからに他なりません。

クレメンティーヌの人生は、神の贖いの愛への感謝と、壊れた関係が赦しを通して修復されたことについての神への感謝で溢れています。ゴマでの滞在二日目にクレメンティーヌと交わした短い会話では、彼女から憎しみや悲惨さの片鱗さえ感じることはありませんでした。彼女は晴れやかな顔つきと、美しく恥ずかしげな笑顔と、自分がどこに向かっているかを知っている者が持つ優雅な表情をしていました。彼女の夫は、彼女が今は寛容で、忍耐深く、謙虚で、優しく、慈悲深くなったと私に伝えてくれました。他のスタッフは、彼女が家族に対して取った行動から村の教会の女性たちが刺激を受け、それぞれの赦しに向けて踏み出せるようになったと言っていました。さらにクレメンティーヌは、ゴマ周辺の国内避難民（ＩＤＰｓ =Internally Displaced Peoples）に対するＡＬＡＲＭの働きに加わってくれました。仕えることが彼女のライフスタイルとなったのです。喜びと感謝に溢れた心、それがクレメンティーヌの新しい生き方の特徴です。赦しという贈り物を受け取り、また与えるということを通して、神が用意してくださったものに感謝しているのです。痛みを抱えたコンゴ東部・ゴマ地域で私たちの赦しの働きの同僚によって霊的に養われた女性が、食事という方法で、私たちを物理的に養ってくれました。これは非常に大きな光栄と特権だと感じました。

クレメンティーヌと同様に、新しい思いと心を受け取ったオコー牧師は新しい行動へと導かれました。彼は、ＡＬＡＲＭの集会中に私たちの前で長い告白と謝罪のスピーチを終えた後、教会に戻り、会衆に赦しを乞うただけではなく、グルの牧師会を復活させるために他の教会のリーダーたちと共に働くことを約束しました。数週間後、戦争によって引き裂かれたグルの町の六つ以上の教団から一八人以上の牧師が牧師会に加入したことを私たちは知らされました。彼らはお互いの家で集まり、共に食事をし、共に伝道集会を計画するようになったのです。彼らはまた、赦しと和解について人々に教えるようになりました。この牧師会と協力関係を結んだＡＬＡＲＭは、助けを必要としている夫を失った女性や孤児を探し、見つけだしていきました。多くの牧師は赦しと和解のメッセージを語る中で、会衆の必要に応えるために一緒に働きました。女性の経済支援プログラムを通して、地域の牧師や教会リーダーたちと協力して、ＡＬＡＲＭはウガンダ北部の女性と若者たちを支援しています。今日、六〇〇人以上の戦争孤児がＡＬＡＲＭとウガンダ北部の教会、アメリカの教会の協力によって教育を受けています。

しかし、赦しと和解の教えは、かつて敵同士だった部族の間に信頼を築く行動を通しても実践されなければなりません。互いに命を奪い合った部族の、夫を失った女性を共に集め、私たちは彼女たちに、お互いの人間性を認め合い、お互いの未来が共にあるということを分かち合いました。共にビジネスをする中で、彼女たちはお互いを信頼し、助け合い、支え合うことを学びます。この女性たちは共に訓練を受け、子どもたちとビジネスのために心を合わせて祈ります。彼女たちは共に希望を抱き、新しい共同体を形成しています。なぜなら彼女たちは夫たちの行動（最終的に、妻たちの伴侶を殺した罪）を赦し、赦しと非暴力、そしてお互いを受け入れ合う精神をもって子どもたちを育てると誓ったからです。

ヘレン・アクル夫人（Helen Akullu）は、赦しを通して新しくされた思いによって新たな行動をとり、その恩恵を受けました。ヘレンは四人の子ども（二人の男の子と二人の女の子）を持つ六二歳の、伴侶に先立たれた女性であり、グルのコロ・アビリに住んでいます。彼女は夫を二〇〇三年三月に亡くしました。彼女はこう述べています。

この交わりに加わる前、生活は困窮していました。私たちは子どもたちと共に他人の庭からものを盗み、お金のため、生きていくためにビールをつくっていました。子どもたち全員の学費を払うことができず、男の子二人だけが学校に通っていました。また、私と子どもたちにはまともな服がありませんでした。ぼろきれを着ていたのです。四人の子どもと一緒に小屋に住み、カバーのない、カヤツリグサで編んだマットの上で寝ていました。私たちが持っていたのは、プラスチックの皿三枚、水が漏れる水差し一つ、料理のための鍋など、わずかな日用品だけでした。

ＡＬＡＲＭがこの地に来て、私たちはグループでビーズを作り始めました。そしてビーズ作りの収入で生活が支えられました。子どもたちは全員学校に通えるようになりました。長男は建築のコースを終え、今では家族を養っています。二番目の息子は残念ながら交通事故で五月に亡くなってしまいましたが、彼も学校に通っていました。私はマットレス、毛布、シーツ、家族のための服など、ほとんどの基本的な日用品を購入することができるようになりました。また私たちは今はちゃんとした食事をすることができるようになりました。

ウガンダ北部の教会の可能性を開発するために新しい行動が次々と起こりました。そして赦しと和解のメッセージが多くの地域において引き続き拡大していくことでしょう。ウガンダ北部のグルとアルア地域でいくつかのリーダーシップと和解のセミナーを行った後、この地域の教会のリーダーたちから、まだ訓練を受けていない牧師やリーダーが、牧会、教会のリーダーシップ、紛争解決、そして赦しについて学べるようにしてほしいとの要請がありました。その結果、ウガンダのＡＬＡＲＭはグルに二つ目の牧会リーダーシップ研修施設（ＰＬＴＩ）を設立しました。そこからさまざまな教団や部族の牧師たち六八名が卒業していきました。

私と私の共同体でさえも?

パウロがコロサイ人に対して、みだらな行い、不潔な行い、情欲、悪い欲望、および貪欲などの罪の欲求を殺すように教え、また、命じたとき（コロサイ三・五）、そして怒り、憤り、悪意、そしりなどの罪を取り除くようにと命じたとき（コロサイ三・八―九）、彼はこれらの行為の自然な成り行きとして、またそうした行為を行う者に対する神の裁きのゆえに、共同体がいずれ破壊されるということを知っていました。私たちの心と思いが傷ついているとき、私たちは必然的に周囲の人々をも傷つけてしまい、彼らに自己防衛の壁を築かせてしまうのです。罪は罪人だけを傷つけるのではなく、人間の共同体を破壊するのです。

オコー牧師とクレメンティーヌの人生から明らかにわかるように、怒りの感情から憎しみ、恨み、そして赦せない心へと進んでしまうのです。キリスト者の共同体の中に怒りがあるとき、憎しみの根が植えられ、多くの人々が汚染されていきます。赦せない心と憤りによって影響を受けたのはオコー牧師とクレメンティーヌだけではありませんでした。彼らの親族、直近の家族、教会のメンバー、そして共同体も共に汚染されたのです。しかしオコー牧師もクレメンティーヌもそれぞれの加害者を心から赦し、彼らの赦しは本物であることが新しい行動によって明らかになりました。聖書的赦しの理解と実践を通して、この二人の聖徒たちは、赦せずにいた頃の負の効果とは逆の良い影響を周りに与えているのです。キリストは、彼らの人生の中で崇められているだけではなく、彼らの家族と共同体の中で栄光を輝かせているのです。この二人とも、自分に痛みと悲しみをもたらした者たちに対して与えた赦しの賜物によって変えられたのです。私自身を含めた他の多くの人々が、彼らの勇気ある赦しの行為から恩恵を受けてきました。

心からの赦しとは超自然的な行いです。不当に傷つけられたとき、私たちは恨みを抱いて正義の名のもとに復讐心を抱いてしまいます。これは新しく生まれ変わったクリスチャンも、キリストの道に生きていない者も同じです。たとえ私たちが赦そうとしたとしても、その赦しが自らの力や人間的な親切さと善意からなされるとき、それは多くの場合浅く、表面的なものです。そしてそれは単に復讐と刑罰を先送りしているのにすぎません。それはもしかすると、赦される者と赦す者の間に距離を置く社会的な仕組みによるのかもしれません。この人間的な赦しは、クリスチャン・コミュニティーや他のあらゆる共同体の交わりに害を及ぼします。それは口先の赦しであり、心からの赦しではないからです。

イエス様は弟子たちに、このようなファリサイ的な赦しについて警告しました。そして彼らに、赦しを与えるということは自らが赦されていることを思い起こすことと関わっているのだと教えられました。赦しが癒やしの贈り物となるためには、それが心からの赦しである必要があります。そしてそれは、赦す者が債務者を解放し、交わりと友情に再び迎え入れるという、具体的な行動を通して表される必要があります（マタイ一八・二三―三五参照）。しかしこの超自然的な赦しは、ペトロのように「私に対して罪を犯し続ける者を何度赦すべきですか？」（マタイ一八・二一参照）と何度も問うてしまう私たちがどうすれば可能になるのでしょうか？　イエス様は無制限に赦すようにと教えられました。しかし隣人が子どもを殺し、妻、娘、姉妹たちをレイプすることが続く中で赦すということはどうすれば可能なのでしょうか？　イエス様は、これは単純で容易な寛容的行為などではないことに同意されるでしょう。しかし、それでもイエス様はいつもこのように答え続けます。「あなたに対して罪を犯し続ける隣人を七の七〇倍赦しなさい。私があなたを何度も赦してきたように。そしてこれからも赦し続けるように」。

神に喜ばれる人生を歩むことは、私たちがキリストを着ることによって初めて可能となります。

私たちがキリストにすべてを捧げ、私たちの部族的、民族的、社会的、経済的アイデンティティーが刷新されることにより、私たちの心と思いが超自然的に変えられるとコロサイ三章一―一七節にはっきりと記されています。キリストを着ることにより、信仰者は両親を、配偶者を、子どもたちを、隣人を、そして家族や友人を殺害した者をも赦し続けることができるようになるのです。私たちのうちに働かれるキリストが赦しを可能にされるのです。それは、キリストを通してそして聖霊を通して、私たちの心と思いが、神によって可能とされた行動のために刷新されるからです。新しい性質は私たちにキリストに倣う行いを指し示します。私たちは完全、完璧には行えないかもしれません。しかし神が私たちの思いと動機に息を吹き込んでくださるのです。これこそが秘訣なのです。クレメンティーヌとオコー牧師は、加害者と敵を赦すことが可能であることを知ったとき、この秘訣を見出したのです。

ジャン・バティスト〔Jean Batiste＝バプテスマのヨハネという意味〕は一九九〇年の初頭、ウガンダを拠点にしたRPF（ルワンダ愛国戦線）のツチ族の反乱軍によるルワンダ攻撃で家族を殺害されたルワンダの牧師です（この出来事が一九九四年のルワンダ大虐殺に繋がっていきます）。ジャンは、住んでいたビュンバ北部の村での虐殺から逃れ、四年間避難民となりました。彼はルワンダの国内避難民キャンプを転々としました。反乱軍と大半のツチ族に対する彼の怒りと憎しみは、ツチ族の反乱軍とフツ族・ルワンダ軍間の戦争が国中に拡大していく中で、肥大していきました。ジャンと他の生存者たちは国内避難民キャンプを転々とし、最終的にコンゴ民主共和国東部、ゴマ付近にある難民キャンプに落ち着きました。そこで私と彼が出会うことになるのです。ジャンは、怒りと復讐心で、キリストにあるアイデンティティーを忘れ、憎み、戦い、復讐を求めることを容認してくれる民族としてのアイデンティティーを選んでいたのです。当時の彼の心、思い、行いは、自分の民族の悪霊の意志と願いに支配されていました。そして彼は「ゴキブリ」（インテラハムウェ[3]の民兵とフツ族の過激派によって名付けられたツチ族に対する軽蔑的呼称）を殺した者たちを賞賛するまでになっていったのです。

一九九四年一〇月、私がムガンガ難民キャンプでジャンに出会ったとき、彼はツチ族に対してだけではなく、ツチ族・フツ族間の和解について語るフツ族に対しても恨みと憎しみでいっぱいになっていました。ジャンは私にとって最大の敵となりました（彼ほどの敵が大勢いなかったことを神に感謝します）。そして彼はムガンガ難民キャンプで働くフツ族の民兵に、私がルワンダのツチ族の政府のために働いていると信じ込ませたのです。恐らくジャン自身が私に直接手を上げたことはなかったものの、私がキャンプからユーカリ林に連れ込まれたとき、彼は、私を拷問して痛めつけた者たちの服を預かっていました。残念ながらジャンはムガンガ難民キャンプの中でコレラにかかり亡くなりました。私は、彼が復讐心に燃えたまま、不幸で、悲惨な牧師として人生を終えたと聞きました。私はジャン兄弟のために悲しみました。そして私は、彼が亡くなる前に彼を赦していましたから、平安がありました。

共同体を破壊するすべての悪を殺し、キリストを着ることにより、クリスチャンは、破れの中に赦しと希望の共同体を建て上げる者となり得るのです。ツチ族と穏健派フツ族に対する母国ルワンダで起こった虐殺、ツチ族によるブルンジのフツ族虐殺、フツ族の民兵や復讐に燃えたツチ族の兵士と反乱兵による罪なきコンゴの人々の殺戮、フツ族の民兵とマイマイ反乱軍によるツチ族バニャムレンゲの人々の虐殺、ハルツーム政府によるスーダンの黒人クリスチャンと精霊信仰者の虐殺、アラブ系のジャンジャウィード［ダルフール地方のアラブ人からなる民兵組織］、ＬＲＡの反乱軍と政府の兵士によるウガンダ北部の人々の虐殺、警察と部族衝突による一二〇〇人以上のケニア人の虐殺……。私たちの時代におけるこれらすべての忌まわしい行為がありました。クリスチャンの共同体は、怒りと復讐に満ちたこの世界の中で赦しのメッセージを再考するように求められています。

今日、世界が最も必要としているのは赦しを体現する共同体ではないでしょうか。どのようにして私たちはより多くのクレメンティーヌとオコーを産み出していくことができるのでしょうか。ジャン・バティストのように、痛み、怒り、復讐心によって自分がそうなるとは思っていなかったような人間へと変えられてしまった者をどのようにして助けることができるのでしょうか。

赦しのメッセージは今日、歴史上今までなかったほどに必要とされています。クリスチャンの共同体には、痛みを負った地域に希望と癒やしを届けるために、赦しの軍隊が必要です。私はその働きにすでに加えられていることを感謝し、そして引き続き人々を招いていきます。欠けだらけで分裂が日常茶飯事となっている私たちの世界において、これこそが「キリストを着る」ということなのです。それは傷を負った人々の心、思い、行いを勝ち取るための戦いにおいて、「赦し」というユニフォームを着ることです。たとえどんなストーリーを持っていようと、贖われ得ない人はいないのです。

1　David E. Garland, *The NIV Application Commentary* (Grand Rapids: Zondervan, 1998), p. 215.

2　Jerry L, Sumney, *Colossians: A Commentary* (Louisville, Ky.: Westminster John Knox, 2008), p, 216.

3　ルワンダ語でインテラハムウェ（interahamwe）とは、字義的には共通の目的のために共に働くあるいは戦う者たちのことを意味します。この名詞は二つの単語から成ります。まず動詞のグテラ（gutera）は「介入する、狙う」または「攻撃する」と訳せます。次のハムウェ（hamwe）という言葉は「一緒に」または「同じ目的のもとで」という意味です。歴史的に、この言葉はお互いに助け合うため、また一致した目的のために共に働く全てのグループ（協同組合、農家、羊飼いあるいは実業家）を意味しました。

複数政党政治が導入されてから、ほとんどの政党は青年グループを形成しました。当時の与党である開発国民革命運動（ＭＲＮＤ）は自らの青年グループをインテラハムウェと名付けたのです。フツ族の理念を持ち、主に教育も職もなかった若者たちのグループであるインテラハムウェは、虐殺の際には殺戮兵器となりました。彼らはルワンダの物語の中では「共に攻撃した者たち」となったのです。私をコンゴとタンザニアの難民キャンプで拷問したのは彼らでした。彼らは、悔い改めと和解のメッセージはツチ族のプロパガンダであり、フツ族のために復讐し、戦う代わりに、和解や悔い改めについて話し、説教するフツ族の者たちは裏切り者であり、ツチ族のスパイであると考えたからでした。ツチ族も私を拷問しました。なぜなら私はルワンダと、民兵によって支配されていたコンゴとタンザニアの難民キャンプで働くフツ族であり、不可能と思われていた中でフツ族とツチ族の両方と対話をしていたからです。彼らは私が誰のために働いているのかを知らず、なぜ私がツチ族に、彼らにとっての復讐を意味する「正義」について語るのではなく、赦しと和解を呼び掛けているのかを知りたがっていたのでした。

第4章　記憶の傷を癒やす

グレゴリー・ジョーンズ

「彼はキリストにあるアイデンティティーを忘れてしまった」。私は、ルワンダの牧師ジャン・バティストについて語るセレスティンの言葉に衝撃を覚えました。それは悲劇的な言葉です。しかし同時に、赦すこと、そして赦されることにもがき苦しんでいる中で私たちの多くの者が陥ってしまう姿でもあります。神の民の物語には、その中心に、民の忘れやすい性質が記されています。「わたしが今日命じる戒めと法と掟を守らず、あなたの神、主を忘れることのないように、注意しなさい」（申命記八・一一）。モーセはイスラエルの民にこのように警告しました。しかし神の民が何度も繰り返し主を忘れてしまった悲劇的な物語を私たちは知っています。パウロがコリントの信徒たちに思い起こさせたように、私たちの先祖はエジプトから脱出した際、みな雲の下にいたのです。

彼らはみな紅海を通ってきました。彼らはみな天からのパンを食べました。しかしどういうわけか、神はそのうちのほとんどの者に対して満足しておられませんでした。どういうわけか、彼らは彼らの主を忘れてしまったのです（Ⅰコリント一〇・一―五参照）。

いかに私たちの記憶が罪によって汚されているか。経験によって私たちみなが知っているこの事実がなかったなら、このような物語は非常に奇妙なものに見えるでしょう。士師記八章三四節に「イスラエルの人々は……敵の手から救い出してくださった彼らの神、主を心に留めなくなった」と記されています。そして私たちは自分自身にもこのことが当てはまることを知っています。金持ちは貧しい者を忘れ、不倫を行う者は配偶者を忘れ、おごり高ぶる者は自分の身の程を忘れ、弟子たちは主を忘れるのです。神学は、私たちの記憶が最初から罪の影響下にあると語ります。それはつまり、覚えているということは（忘れるということも）単純に選択の問題ではないということです。それらは私たちのうちにある、被造物全体とともに贖われる必要のある領域なのです。

私たちが罪深い性質を受け継いだことによって、また私たちが壊れた関係や組織に属していたことによって、私たちは自分が「見たい」と思うものを見るようになってしまいました。そして多くの場合それ以外のものを忘れてしまうのです。また時には、私たちが実際に見たこと、行《おこな》ったことを、あたかも見なかったかのように、行わずにいたかのように振る舞うのです。アウグスティヌスは『告白』で記しています。「私はそれ（私自身の邪悪さ）を知っていたが、何も知らないかのように振る舞った。そしてそれにウィンクをし、忘れたのである」[1]。私たちは、神を忘れ、そして他者への私たちの責任を忘れるという驚くべき能力をもっています。そしてまた、自分自身が苦しむことなくより快適に過ごすことができるように、自らの罪を忘れるということも学んでいます。

この「忘れるということ」は、私たちが赦しを実践しようとするときに直面する記憶の傷と大きく関わっているように思います。私たちクリスチャンが赦しについて真剣に考えるとき、赦しと記憶との関係は、私たちがしばしば用いる「赦して忘れる」という決まり文句ほどには単純なものではないということを認めなければなりません。もちろんこの処世訓には、何世代にもわたって受け継がれてきたある種の知恵があります。誰かを「赦す」と言いながら、彼らが行ったことを、将来彼らに対して反撃できるように記憶しておくことは危険なことです（公正な目で見れば、これは本当の赦しではないことがわかります）。「赦して忘れる」という言葉は、「赦す」という部分が難しく、「忘れる」という部分は自然に起こると暗に示しているようにも思えます。しかし残念ながら、私たちの赦すという意思と同様、私たちの記憶する能力も罪の影響下にあるのです。もし私たちが本気で赦しを実践するのであれば、私たちは記憶の傷に注意を払い、それがどのようにキリストのうちに癒やされるのかを考えなければなりません。

セレスティンが既に提唱しているように、赦しとは、私たちの心、思考、言動を含んだ複雑なプロセスであり、実際、共同体の中における私たち人間としての全存在が関わっているのです。本章では、その癒やしのプロセスの中に含まれている記憶の神学的な重要性について考察したいと願います。私は、赦しは正しく記憶することと非常に密接に関係していると考えています。多くの被害者たちに対して、彼らが受けた悪を単純に忘れるようにと求めることはおよそ不可能なことだと思います。彼らを日夜脅かしていた恐怖の記憶を、いったいどうして忘れることができるでしょうか。ジャン・バティストが彼の民族に対して行われた悪を忘れることができなかったのと同じくらい、オコー牧師は父の殺害を忘れることができなかったのです。それにもかかわらず、セレスティンが私たちに示してくれたように、よく似たトラウマを経験した二人の人物が、全く異なる現実を経験することが可能なのです。赦しにおいて記憶の癒やしはどのような役割を担っているのでしょうか。そしてセレスティンやクレメンティーヌやオコー牧師のような人々は、どのようなプロセスを経て、自らの過去を異なるかたちで記憶するようになったのでしょうか。

重荷としての記憶

私たちは皆、自分の記憶がどれほど扱いにくいものかを知っています。ある事柄について――車の鍵をどこに置いたか、約束の日時がいつかなど――は必死で思い出そうとしても思い出せません。しかしある事柄の記憶は、忘れたくても忘れられず、夢の中で現れたり、ある匂いで思い出したりするのです。これらの一部は私たちの脳の生理的構造に起因しています。私たちは経験したことをすべて記憶できるわけではありません。これは祝福であると同時に呪いでもあります。それが祝福であるのは、感覚的情報によって私たちが圧倒されてしまわないように知覚の選択性によって私たちが守られているということです。そして呪いであるのは、私たち自身がどの記憶を保持したいかをいつも選べるわけではないということです。掛け算表を覚えるのに苦労している子ども、あるいは自宅までの帰り道を思い出そうとしているアルツハイマー病患者の方を想像してください。私たちは必ずしも自分の願うかたちで記憶を用いることができないのです。

こういった記憶の限界に加えて、私たちの思考が信じられないほどに柔軟であることも私たちは知っています。私たちの思考は自分の人生の経験によって、良いものであれ悪いものであれ形作られ、あるいは再構築されていきます。私たちの習慣は、私たちの思考パターンの中でよく踏みならされた馴染みの道のようなものです。私たちは、過去に行《おこな》ったように行い、考え、発言するように、ほとんど本能的に導かれます。同様に、私たちの思考は、自分に対してなされたことによってしるしが刻まれていきます。子どもに対する一貫した愛情とケアは、子どもの内に基本的な信頼関係の土台を築きます。しかしトラウマ体験は、多くの場合一生私たちを怯えさせるような記憶を焼き付けるのです。赦しを実践するときに取り上げなければならないのはこのような傷なのです。

記憶の傷を癒やすという問題について扱い始めていくために、まず私たちはトラウマ的記憶の中にうごめくいくつもの力を解きほぐしてみる必要があります。それらの力は多くの場合、私たちの最も困難な社会的、政治的な問題の中にあります。ルワンダのフツ族とツチ族との間の紛争であれ、中東の緊張関係であれ、アメリカの人種間の断絶であれ、また会議の席で椅子を投げ合ってしまう教会であれ、赦しを必要とするあらゆる状況において、蜘蛛の巣のようにもつれ合ったトラウマ的記憶が存在しているのです。この蜘蛛の巣を解きほぐすということは、忘れることのできない記憶と関わる複雑な問題を扱うときに助けとなります。

第一に、自らの心に焼き付いた恐ろしい記憶となった出来事とどのように折り合いをつけたらよいのかわからずに苦しむ人々がいます。その出来事とは、例えば、殺人、子どもの自殺、レイプなどの性的暴行、破壊的な裏切り、爆弾による家や近隣地域の破壊、などです。第二章で記した、レイプの加害者のために祈ってくれるようにと私に求めてきた女子学生のことを思い出してください。彼女が経験した暴力は、時間的には数分に満たなかったとしても、彼女の記憶に焼き付き、その日以来、彼女の人生に影響を与え続けたのです。

また、一度だけのトラウマ的出来事ではなく、何度も繰り返される虐待、拷問などの長期的な暴力からくる恐怖によって苦しめられている人々もいます。そのようなトラウマの影響は、暴力行為や心理的虐待が止んだ後も（もしそれらが止んだら、の話ですが）魂に長い間留まり続けます。身体に消えない傷が残ってしまった場合はとりわけ痛ましいものですが、魂に傷が焼き付けられた場合も、それに劣らず痛ましいものです――おそらく、目に見える傷の場合以上に治癒が難しいと言えるでしょう。セレスティンが前章で紹介したクレメンティーヌのことを思い出してください。裏切られたと感じた彼女の体験は、まさにこのように混じり合ったトラウマの例です。彼女の真のトラウマは、彼女の「姉」が、母親に与えられるべき贈り物を受け取ったという出来事それ自体によるのではありません。彼女が知り、そして信頼していたすべての人に何年もの間騙されていたことに気付いたという複合的な事柄の影響によるのです。

さらに、裏切りが繰り返されるということがあります。これはドラマティックなものではないかもしれませんが、愛することに日々失敗した結果であると言えるでしょう。私の友人の一人は他者を信用することが困難だと言います。彼女は人間関係が壊れた環境の中で育ち、本来そばにいてくれるべき人が常にいなかったことが原因でした。彼女が赦しを見出すこと、他者を赦す力を得ることは困難でした。長年にわたって失敗を繰り返してきたために、自己防衛という壁を自ら築いてしまっていたからです。

一度きりの出来事であれ、繰り返される暴力や裏切りであれ、個人が経験するトラウマとは別に、文化に広く浸透してしまったために、世代を超えて受け継がれているトラウマもあります。特定の個人が直接何かを経験をしたということがなかったとしても、トラウマの記憶が文化に焼き付いてしまっているのです。それは過去の恐怖の遺産が現在においても引き続き悪影響を与えているからです。中東においてであれ、壊れた家庭であれ、前の世代のトラウマの記憶は自分たちが直接経験したものに劣らずリアルなのです。ルワンダの虐殺の例が示すように、過去に正義がないがしろにされたという文化的記憶は、新たな恐ろしい暴力となって爆発することがよくあります。そしてそれは、直接的な争いを経験していない人同士の間でも起こるのです。

自分が被害を受けた破壊的な出来事によってだけではなく、自分が行ってしまった破壊的な出来事によっても、人の記憶はひどく傷つけられます。このことをよく示している例はアルベルト・シュペーア（Albert Speer）です。彼はナチスの建築家であり、ナチスの軍需大臣を務め、第二次世界大戦後ナチス政権に関わったことに対し、心から悔い改めようとした人物でした。しかし、彼は自分自身が行ったことのすべてを受け入れることはできませんでした。とりわけ「最終的解決［ユダヤ人虐殺］」について自分が知っていたということを認めることができませんでした。おそらく、そのことを認めたなら、自分は生きていくことができないのではないかと恐れたからでしょう。また、私と妻の知り合いのある男性は、何か大きな過ちを犯したからではなく、彼自身の完璧主義的な性格から自分のことを絶えず道徳的な失敗作と考え悩んでいました。彼は、誰かが、ましてや神が、自分の失敗を赦してくれることを決して認めようとはしませんでした。私たちほとんどの人から見て、彼は模範的な人間であったのにもかかわらず、です。

そして最後に、私たちの愛する人に対して起こった出来事、または私たちの愛する人が起こしてしまった出来事を受け止めることへの恐れがあります。この場合は、その出来事が直接自分たちに起こったわけではなくても、まるでそうであるかのように感じられるのです。それは一回の暴力的な行為であっても繰り返されるトラウマであっても、苦しんでいるのが自分の愛する人だからです。あるいはその問題を起こしてしまった加害者が自分の子どもだからです。私の親しい友人は、彼女の息子が他人に対して犯した行為について苦しみ、その記憶と共に生きるのが困難だと言います。

人々はこのように多種多様なトラウマ的記憶を一つか二つかそれ以上かかえており、苦しんでいることがあります。そういった記憶がどのくらい、その人の思考の中にあるのか、またはどのくらい社会や政治的伝統の中に潜んでいるのか、その程度によって異なった、そして同時に重なり合った課題が出てきます。赦しが必要な状況において、私たちの記憶は集約され、他者に対する態度と姿勢が決まってくるのです。かつて敵であった人々から受けた暴力の記憶に囚われているなら、私たちはいったいどのようにして彼らと和解することができるでしょうか。もし自分たちが行った不正義の痛みが常に私たちの心の中にあるのなら、私たちはいったいどのようにして自らが傷つけてしまった人たちと共に生きることができるでしょうか。私たちはいったいどのようにして自己防衛や自己否定によって心を頑なにしてしまった人たちと共に日々の生活を歩むことができるでしょうか。そしてどのようにして私たち自身が心を頑なにせずにいられるのでしょうか。実は、私たちはただ単純に忘れるということはできないのです。しかし、私たちの記憶が重荷となっていても、赦しを実践することによって、過去を異なったかたちで記憶することができるということを学ぶことができるのです。

赦しと記憶

クリスチャンの歩みというものは明らかに、正しく思い起こすことを土台としており、正しく思い起こすことと繋がっています。それは神を思い起こし、罪を犯さないように自分たちの赦された罪を思い起こし、神を愛し隣人を愛するという召しを思い起こすということです。その意味において、神にある私たちの生活は、十字架につけられ復活したキリストによって形作られるのです。このキリストの赦しが私たちを一つの体として再びメンバーとしてくださる（re-member）のです。ですから、私たちが正しく思い起こすことの中核にあるのは、神によって赦されることを学ぶということです。私たちが創造者との関係を回復するとき、私たちが取り戻すことになるものの一部は

(それは贖われた創造の一部なのですが)、私たちの記憶なのです。しかし、もし私たちの記憶に刻まれた出来事の一部が、先に記したトラウマの経験のような、むしろ忘れ去りたいようなものである場合はどうすればよいのでしょうか。私たちを苦しめ、時に和解のための私たちの最善の努力を進めていくことができなくさせるようなそれらの記憶の痛みを和らげるものはあるのでしょうか。

ここで私たちは、記憶が複雑であるということに直面します。私たちには、覚えているべきことを忘れてしまう傾向があり、また忘れるべきことを覚えていてそのことばかり考えてしまう傾向があり、それらは繋がっています。忘れるべき事柄を記憶し続けてしまう傾向は、多くの場合、経験した苦しみや、聞いてもらえなかった嘆きや、赦せない暴力に対する怒りと憎しみを溜め込もうとする私たちの欲求に由来します。私たちは正しく思い起こすことができず、忘れられない、あるいは忘れようとしない記憶によって苦しむのです。私たちは自ら赦しを受け取ることができないのです。イエス様の復活の後、墓に来たマリアのように、見捨てられたという記憶に苦しめられる者もいます。傷つきやすかったときに経験した過去のトラウマを思い出すとき、私たちは「神はどこにおられたのか」と問います。焚き火のそばにいたペトロのように、自らの裏切りを忘れることができない人もいます。自らを憎み、神も私たちを憎んでいるのだと思ってしまいます。戸口で待ち受けている罪を支配できなかったカインのように、悔い改めることを拒否する人もいます。そして「私はやるべきことをした」と主張するのです。もしくはヨナのように、私たちは敵が悔い改め、慈しみ深い神に赦されたのを見て憎しみで一杯になります。しかし私たちの現在の状況がどのようなものであれ、また今までの罪がどのようなものであったにせよ、神は私たち一人一人の過去に関わってくださり、新しくされたいのちの将来のために過去を贖おうとされるのです。

そして、それこそが赦しと記憶が出会うべきまさにその場所だと私は信じています。もし赦しが私たちをキリストにある新しいいのちへと解放してくれるものであるなら、私たちの過去もどのようにかして贖われるはずです。ローワン・ウィリアムズ大主教はそのことを素晴らしく表現しています。「赦しが解放であるなら、それは同時に希望のうちにある過去の回復、記憶の回復である。それは、過去において破滅と絶望を引き起こしうる脅威であったものが希望の根源へと変わることを意味する[2]」。このことは、復活したキリストが戻って来られたように起こるのです。キリストは、自分を十字架につけた者たちを有罪とする審きではなく、その代わりに新しいいのちにある希望を与えるための審きをもたらされたのです。記憶の回復によって希望がもたらされるのです。記憶の消去や否定によってではありません。キリストは過去を贖うのであり、過去を取り消すのではありませんキリストにある新しいいのちが提示されることにより、たとえどのような過去であったとしても、過去は新しく生まれ変わることができるのです。

［イェール大学教授の］ミロスラフ・ヴォルフ（Miroslav Volf）はその著作『拒絶と抱擁（*Exclusion and Embrace*）』において、「記憶の苦しみ」に関して、そして忘れることがもたらしうる意義、または彼の言葉を借りれば（より正確には、私の理解するところでは）「記憶しないという神からの賜物[3]」の意義について、豊かで複雑な、そして深遠な提言をしています。ヴォルフは忘れることの危険性と、私たちの赦しのしるしとして、そして神とまた他者との和解のしるしとして、正しく思い起こすことを学ぶ重要性について述べています。彼が提唱する「ある種の忘却」は、真実と正義の問題が解決されていることを前提としています。加害者は特定され裁かれ（願わくは）変えられ、被害者は安全で傷は癒やされたという前提です。そのような状況の中で、「すべてのものが新しくされる」創造と共にあってはじめて、忘却が究極的に起こり得るのです。

ヴォルフはさらに、もし私たちが危険な世界の中で安全に生きていくために悪しき事柄を記憶しなければならないのであれば、私たちはまた、贖われるためにその悪しき事柄を忘れなければならない、または「その記憶を手放す」必要があると語ります。つまり、忘れることが不可能であると今までずっと語ってきたのですが、究極的に忘れようとしている者だけが正しく思い起こすことができるということなのです。もし主が私たちの罪を「忘却の海」に投げ込むことができるのなら、もし神ご自身が忘れることを選択できるのなら、私たちがすべてのことを正しく思い起こすことができるようになるために、私たちにつきまとい、前へと進めなくさせる記憶を真に癒やす恵みを神は与えてくださることができるのではないでしょうか。

私はブルンジで孤児院を経営するマギー（Maggie）の証しを思い出します。ルワンダにあるセレスティンの故郷と同じように、ブルンジもフツ族とツチ族の分裂と暴力の歴史によって大きな影響を受けています。マギーは故郷の村で、愛する人たちが虐殺されるのを目撃し、フツ族とツチ族の多くの子どもたちが暴力によって孤児になるのを見てきました。驚くべき赦しと希望の実践を通し、マギーはこのような子どもたちが共に平和に暮らすことができる孤児院を作りました。彼女は怒りと暴力の記憶に支配されることを拒んだのです。その代わりにマギーは六〇人以上の子どもたちを自分の子どもとして養育することを選びました。何年もの後、マギーのプロジェクトは一つの村そのものとなり、医療、教育、職業訓練、文化活動などを多くの子どもたちと青年たちに提供するようになりました。

私がマギーの物語を聞いた時に衝撃を受けたのは、虐殺で愛する村人たちの多くの命が奪われた場所にマギーがプールを建設することを選んだという事実です。マギーも孤児たちもその場所で起きた出来事を忘れることはできません。しかし、恵みにより、彼らは過去を異なったかたちで記憶することができるのです。痛みの場所を、長く暑い夏の間、体を洗い新しくする水によって覆ったのです。自身の人生と召しについて、また今までやってきたことについて聞かれたとき、マギーはシンプルにこう答えました。「愛が私を発明家にしてくれたのです」。彼女がキリストにあって発見した愛が記憶を癒やし、新しい人生をもたらす赦しを可能にしたのです。

この世の人生において、私たちは罪から身を護る盾として、罪の記憶によって導かれる必要があります。そしてキリストの御傷の記憶によって導かれる必要があります。キリストの御傷は、かつて苦しみ今も苦しみ続けているすべての犠牲者と繋がっており、癒やしを与えてくださいます。そしてヴォルフが強調するように、私たちは彼らの苦しみを覚える必要があり、すべての者が聞くことができるようにその記憶を声に出して語るべきなのです。ヴォルフは、この「不可欠な想起」は、贖いのビジョンによって導かれる必要があると語っています。その贖いのビジョンは、いつか私たちが自分の経験したトラウマの記憶をなくし、そのトラウマを引き起こした加害者と友になることすら可能にするのです。私たちはしばらくの間、記憶の盾によって守られる必要があるのですが、他者を抱擁するため、すぐにでもその盾を脇に置くことができることもあるとヴォルフは語ります。そのためには、友人やクリスチャンの共同体の助け、相手が悔い改めをもって応じてくれるかもしれないという思い、そして自分たちはただ急いで軽率に行動しているのではないという確信が必要です。これは一見危険にも見えますが、マギーやセレスティンのように、それが実践されているのを見るとき、感動を覚えます。私は食事のテーブルでセレスティンの向かい側に座り、彼の母親が彼の父親を殺した人々の世話を受けていると聞いた時のことを忘れないでしょう。

私たちがなすべきことは記憶が「完全に癒やされた」ことを確かめることだとするヴォルフの提案は、忘れることや記憶を消すということよりも、二つの理由からより有益だと思います。まず、私たちは自らの人生の物語において何らかの一貫性を必要としています。私たちのアイデンティティーを作り上げるのに不可欠な人生や人間関係の諸相には、私たちが経験した恐怖やずたずたにされた心の傷も含まれます。私たちが自分自身であり続けながら、同時に再建されたアイデンティティーと人間関係を保つための唯一の方法は、私たちの記憶を消し去ることでも忘れ去ることでもなく、記憶が癒やされることなのです。これこそが、ＡＬＡＲＭの赦しに関するコミュニティ・

ワークショップが非常に効果的な理由の一つだと思います。それはオコー牧師のように、人々が自らの物語を悔い改め、赦し、和解の物語として語り直すことができる空間を創っているのです。

私が記憶の癒やしに関して語ることを好む第二の理由は、黙示録を含めて、これらのテーマを扱う聖書箇所を読むと、神の国のビジョンは傷や破れが消えることではなく、完全に癒やされるビジョンとして記されているということです。記憶を消すということは、十字架にかけられよみがえられたキリストの御傷の癒やしを通して記憶が完全に――終末論的な意味で――癒やされるのではなく、むしろキリストを「十字架から降ろす」ことになってしまうように思うのです。

それでは、神の民である私たちが、自分たちの記憶が癒やされ、正しく思い起こすとはどういうことを意味するのでしょうか。クレメンティーヌのように、家族を裏切り者としてではなく友人として新しく記憶する人々のラディカルな決意を、どのように理解すればよいのでしょうか。そして赦し、新しく共に生きる方法を模索する私たち自身の人間関係において、憎しみと失望をどのように扱えばよいのでしょうか。

教会――想起する民――の実践が私たちを助けてくれます。特に洗礼が、思い起こすことにおいても、忘れ去ることにおいても、私たち自身の重荷を担う助けとなります。洗礼の水によって象徴される神の恵みによって、偽りの物語や贖われることのない壊れた姿から解放されて正しいあるべき場所へと移されていくのです。洗礼は、『アラジン』［一九九二年に制作されたディズニー映画］で歌われているように「全く新しい世界」（A Whole New World）へと私たちの人生と記憶を連れて行ってくれるのです。私たちは、つきまとってくる重荷としての記憶から解き放たれ、他のクリスチャンの実践を通して正しく思い起こすことを学ぶことができるようになるのです。私たちのキリストにあるいのちは、キリストと共に死に、よみがえるという洗礼の儀式を通して現されているのです。私たちは古い自分に死に、新しいいのちの中によみがえらされます。赦された罪人として、私たちは自らの人生の物語を今までとは異なるかたちで——恐らく、より真実に——語ることができるのです。それは私たちが、すぐに忘れられてしまう欺瞞に満ちた物語を語る重荷から自由にされたからです。私たちは自分自身や過去についての真実を隠す必要はありません。洗礼の水の中で、私たちは神の愛に包まれていることを見出すのです。さらに、私たちが自らの洗礼のいのちを生きるようになるとき、自分の人生、記憶、赦しを、十字架につけられ、よみがえられたキリストの恵みの内に見出すのです。

さらに聖書は、私たちが自分の歴史を思い起こす仕方が変わっていくことをイメージするようにと招いていると私は信じています。たとえそれが醜いものであったとしても、私たちはそれを罪として思い起こす必要がなくなるのです。なぜならその歴史は完全に癒やされたのですから。この変化は過程（プロセス）です。私たちはその癒やしが始まったばかりの段階で、既に完全に実現したかのように振る舞う必要はありません。癒やしには長い時間がかかるかもしれません。大抵の場合はそうなのです。私たちは自分の記憶の癒やしを時間をかけて見出していくことになるでしょう。神の赦しという愛の恵みにより、また他者からの赦しという恵みにより可能となった新たにされた関係や新しく生まれた関係を私たちはどのように生きるのか、その生き方を学びながら、進んでいくのです。

私の友人はかつて、自分を裏切った人を赦すことは絶対にできないと言っていました。もし私が彼にただ忘れるようにと言ったのであれば、彼は私を無視したことでしょう。私は、そうではなく、彼を私たちの教会の新しい活動に誘いました。そして彼はそこで他者のために仕えることのほうが、旧友に対する憎しみのことをいつも考えているよりも楽しいということを見出しました。数年を経て、時間の経過と共に、彼は裏切られたことについて以前ほど考えなくなり、気に病むことも少なくなったと言っていました。そしてそれから何年も経って、彼は裏切った人物と対話し、赦しを与える心の準備ができたと私に語ってくれました。多くの仕方で、回復を可能としていった時間の中で、赦しの種が蒔かれていたのです。彼は罪を思い起こすことはもはや必要ではない、という神からの贈り物を受け取ったのです。

たとえ最もひどい痛みや悪しき事柄の只中でも、私たちがそれらの傷を思い出さなくなれば、すべての傷が癒やされるだろうという大胆な希望が私たちに提示されているのです。私たちは比較的小さな傷、たとえば血液採取の際の注射針の小さな傷などは、その傷が回復するにつれて記憶から静かに退いていくことを知っています。私たちはその出来事を忘れるわけではありません。たとえば誰かに「病院に行って血液検査を受けたの？」と聞かれれば、私たちはそれを思い出すことができます。しかしそれは記憶の中に退き、私たちはもうその傷について考える必要がなくなるのです。神の国についても同様です。最も恐ろしいこの世の記憶さえも、キリストの御傷によって癒やされるのです。キリストが経験された理不尽な苦難と死は、根本的な意味で想像し得る最も恐ろしい出来事です。これが、パウロにローマ八章一八節で「今の時のいろいろの苦しみは、将来私たちに啓示されようとしている栄光に比べれば、取るに足りないものと私は考えます」と語らせた原動力だと私は解釈しています。この意味において、私たちは思い出さない、という神からの恵みを期待することができるのです。それは私たちの喜びが完全なものとされる日がくるからです。

奴隷制度とその余波について記した素晴らしい小説であるトニ・モリスンの『ビラヴド(*Beloved*)』［吉田廸子訳、ハヤカワepi文庫、二〇〇九年］の終盤において、ある登場人物が、一人の女性が自分の人生にもたらした影響について語ります。「彼女は私の心の友だ。彼女は僕を集めてくれる。僕の破片を彼女は集め、全く正しい順序でそれを僕に返してくれるんだ。心の友である女性がいるということは素晴らしいことなんだ[4]」。

記憶の癒やしの大部分は、キリストの体の交わりの中で「心の友」と呼べる友人を見つけることです。そのような友人は癒やしと回復をもたらしてくれる方です。彼らはぼろぼろになった私たちの破片をかき集めて縫い合わせ、一枚の贖いの織物として織りなすように、私たちの人生を縫い合わせるのを手伝ってくれます。そのような友人は聖なる贈り物です。そのような友人の存在なくしてトラウマ的記憶を回復することはできないでしょう。感謝なことに、赦しのダンスは私たちを孤独から、そのような友人関係が可能となる共同体へと導いてくれるのです。

1　Augustine, *Confessions and Enchiridion* 8.7.

2 Rowan Williams, *Resurrection* (New York: Pilgrim, 1982), p. 32.

3 Miroslav Volf, *Exclusion and Embrace* (Nashville: Abingdon, 1996).

4 Toni Morrison, *Beloved* (New York: Plume, 1998).

第5章　赦しの共同体

セレスティン・ムセクラ

戦争を終わらせるための戦争、相互抑止の戦略、紛争解決の先進技術、国際的な人権条約などのさまざまな努力にもかかわらず、私たちは過去数世紀にわたり、いまだかつて見たことのないような悲劇を目撃してきました。ルワンダの虐殺、ダルフールの殺戮、コンゴ東部で女性に対して行われた恐ろしい暴力等がありました。また他の多くの紛争が長く続いています。これらのことを通し、新しい共同体が生まれないかぎりアダムの子孫たちに希望はないということを私たちは思い知らされてきました。キング牧師が非暴力について主張したことは、私たちの時代において、赦しについても同様にあてはまるのです。つまり選択肢は「赦すか赦さないか」ではなく、「赦しか破滅か」なのです。

たとえ私たちの状況が危機的であるとしても、私たちは絶望から赦しに走るのではありません。そうではなく、赦しとはイエス様から与えられる贈り物なのです。ヨハネ一七章の祈りから、イエス様が私たちに特別な共同体を通して与えてくださる希望を垣間見ることができます。あらゆる部族、民族、文化、経済ステータスの人々からなるこのユニークな共同体は、この世から召し出されたにもかかわらず、この世の闇と破れの中に希望の光を灯す存在として、この世に置かれています。しかし、神の介入により日々守られているにもかかわらず、この共同体は仕えている世界の現実によって影響を受けます。私たちが持っている価値観のゆえに、私たちは隣人と家族から嫌われ、私たちのキリストにある新しいアイデンティティーのゆえに闇の権力によって標的とされます（ヨハネ一七・一四―一五参照）。私たちのメッセージは、神の言葉の真理の上に立ち、私たちの生き方を通して証明される必要がある、とイエス様は主張されます。私たちの一致は多様性に打ち勝ち、私たちの真実性を示す証拠となるのです。そしてこの新しい共同体の豊かな交わりは、他の人々を救い主に引き寄せるのです。なぜなら独り子を遣わされた父は、この世から世界を救うことを願っておられるからです。

ヨハネ一七章の一致のビジョンは美しく、私たちの心を動かします。しかしこの一致は放っておいて自然に起こるようなものではありません。確かに神は一致を可能にしてくださいました。しかし現実的には、それは意図的に、無条件の愛、恵み、赦しを通して実現するのです。それは私たちを苦しめる罪と破れの傾向に対抗して道を切り開いていく努力の結果なのです。どうすれば私たちはこの働きをしていく者となれるのでしょうか。赦しの共同体のしるしとは何なのでしょうか。

召し出される共同体

多くのルワンダのクリスチャンは、精霊信仰や異教の共同体の中からクリスチャンの共同体に召し出されました。クリスチャンは個人的な恵みの経験から、この世から召し出され、同時にこの世に残されているということの意味を知っています。それは危険で誘惑の多い旅です。イエス様の召しは突如、侵入してくるのです。私たちが回心への招きを受けたとき、私たちは偶像礼拝、祖先崇拝、物質主義、大量消費、私たちの体やあるいは好きなスポーツチームへの熱狂、自分の宗教や民族至上主義とも無縁ではありませんでした。お金、所有物、土地、石油、経済、威厳、美、立場、そして名声は、私たちに忠誠を求め、私たちの生き方を牛耳るのです。私たちが部族や未開拓な社会に属していようが、洗練された社会や先進国の一員であろうが、イエス様の召しは私たちが個人的な生き方をしているときに突然やってきます。それは、人を憎み、排除し、自らと異なる者を人間として見なさないようにと教える私たちの世界に侵入してくるのです。

ルワンダで宣教師として奉仕していたエルウィン・J・カイル（Elwin J. Kile）によって、神の愛と赦しについて私が初めて聞いたのは一五歳のときでした。二年後、私はその真実の言葉を受け入れ、イエス・キリストに従う者となりました。そのとき以来、私は神が私を愛していること、そして神が私を罪から救い、ご自身のものとするためにイエス様を遣わされたことをはっきりと知っています。私はこの世から新しい共同体へと召し出されたのです。それは赦され、贖われた者たちの共同体です。この召しによって、私自身が人生だと思っていたものは突如中断されたのです。

私の両親は精霊を信じていました。そして命と死を与えるイマナと呼ばれる超越的な存在を、祖先の仲介を通して礼拝していました。私が生まれる前、母は九年間不妊でした。母は、それは死後の扱われ方に不満を持っていた祖先の呪いだと信じていました。母は、肉、ビール、そして動物の血の供物によって祖先をなだめようとしました。村では不妊の女性は呪いと考えられていたため、母は他の女性たちが来ている井戸に水を汲みに行くこともできず、社交の場で他の女性と共に座ることもできませんでした。時に子どもたちは、母が子どもを産めないことをからかって囃し立てました。もし子どもを産むことができなければ、最終的には追い出されてしまうことを母は知っていました。そうすれば夫は他の女性と結婚し、子どもを持つことができるからです。

私はこのような環境の中で生まれたのです。母親は共同体の中で嘲笑され、私の父はまさに母を追い出そうとしていたところでした。だからこそ母は私をルワンダ語で「救い主」、すなわち「恥ずかしい状況、または迫りくる裁きから救う者」を意味する「ムセクラ」と名付けたのです。母は先祖たちが彼女の祈りを聞いてくれたのだと信じていました。先祖への感謝として、母は私を伝統的宗教の祭司として先祖に仕えるようにと捧げました。私は、飲み物、動物の血と肉などの生贄を先祖に捧げるという職務を行うために育てられるはずでした。私のなすべき務めは、生きている者の健康と繁栄、そして地域の平和と良い生活のために死者にとりなすことでした。

五歳のときから、母は女呪術師や伝統的な宗教の女祭司のもとに私を連れて行くようになり、私は将来の職務のための訓練を受けました。六歳のときから私は先祖の名前を暗記し始めました。そして八歳になるまでには鶏や山羊を殺す方法や、先祖への生贄の捧げ方を習得していました。たとえ目には見えなくても、死者はいなくなったのではなく、私たちの間で生きているのだと、他の伝統的な信仰心を持つアフリカ人のように私の家族は信じていました。死者は今や霊となり、生前喜びとしていたことをしながら、共同生活の中に加わっているのだ、と。

これが、私が初めてイエス・キリストの福音を聞いたときに生きていた世界でした。そこから私は召し出されたのです。しかし神は、私が育った世界の現実から守られるように私をこの共同体から遠ざけることはなさいませんでした。私はそこにとどまり、証人となるようにと召されたのです。私はそこに特別な任務のために置かれたのでした。

遣わされる共同体

イエス様は御父に弟子たちをこの世から取り去るのではなく、この世の危険から守ってくれるようにと祈られました（ヨハネ一七・一一―一二）。弟子たちは、外界から隔離された閉鎖的な共同体の中で新しい社会を築くようにと教えられたのではありません。彼らはこの世に与することなく、また汚染されることもなく、しかしこの世の只中で生きるようにとされたのです。これは彼らが、自分たちの共同体の中の厳しい現実と向き合い、キリストにある新しいアイデンティティーのゆえに受ける憎しみ、恨み、敵意、迫害などを耐え忍ぶことを意味しました（ヨハネ一七・一四）。

私がシンビリのバプテスト技術学校に通うようになり、一九七六年に人生をキリストに捧げると、家族から拒否され、迫害されるようになりました。それからの三年間、私は自分の家を見ることもありませんでした。私が村の伝統的な宗教の祭司／霊媒師になるという権利を放棄したため、私の家族と村は私を勘当したのです。そして私が異なる神を受け入れたために、私が村に帰省すれば先祖の霊によって苦しみと不幸がもたらされると私の家族は信じました。私は村から距離を置く必要がありました。

私は物乞いをし、畑の生の芋や熟していないバナナを食べ、時にはゴミを漁りました。ほとんどの休日、私は学校に泊まるか友だちに頼んで彼らの家に泊まらせてもらうかしながら生きていました。時には次の学期の学費を稼ぐためにコーヒー農園で働きました。学費が払えないときは、私の霊的な父であるエルウィン・カイル牧師が足りない分を出してくれました。私が持っていた唯一のズボンの後ろに「窓」ができてしまったため、しばらくの間裸で過ごしたこともありました。そんな有様でした。

しかし神の摂理の中で、オハイオ州クリーブランドに住むメアリという、夫に先立たれた貧しい女性が、カイル牧師を通して私のことを知ったのです。それからの六年間、メアリは道端で段ボールや空き缶を拾い、リサイクル業者に持って行きました。そして毎月メアリは稼いだ六、七ドルを私に送ってくれたのです。こうして私は学費を払うことができました。しかし私は彼女に直接会うことはできませんでした。なぜなら、私が聖書学校を卒業した一九八三年の七月に彼女は亡くなったからです。

コンゴのルワングバにある聖書学校を卒業した後、私は自分の村に遣わされました。祖先崇拝をする伝統的な宗教の祭司としてではなく、生ける神の祭司としてです。まさに私の世界が私の宣教地となったのです。私はこの世から召し出されました。しかし同時に、私は神の愛と赦しのメッセージを携えてこの世の中に遣わされたのです。このメッセージを通して、私はこの世界の本当の救い主を母に伝えることができ、母をキリストへと導きました。そして何年にもわたる責め苦、拒絶と排除を私が赦したということを父が知ったとき、父は私の赦しを受け入れただけではなく、自分の罪を神が赦してくださったことをも受け入れたのです。死者を礼拝していた多くの村人がキリストを礼拝するようになりました。キリストの光が私の村を照らしたのです。

和解する共同体

アフリカに西洋からキリスト教の宣教師が初めて来たとき、彼らの多くは、この世から召し出されこの世に遣わされるということについてある特定の考え方を持ち込んできました。新しい信仰者たちは、彼らが元々いた共同体から離れて、西洋の宗教に反対する親族からの迫害から守られ「養育」されるように宣教師館や伝道所で暮らすようにされました。住んでいた世界を後にした新しいクリスチャンたちは、新しい共同社会や村を開拓していきました。それは多くの場合、伝道所の近くではありましたが、今まで住んでいた世界からは隔離されたものでした。彼らは「あの者どもの中から出ていき」（Ⅱコリント六・一七）という命令を文字通りに解釈し、自らがそれまで一緒に暮らしていた人々から離れたのです。困難、侮辱、憎しみ、追放、嘲笑、そして死を耐え忍ぶのではなく、この新しい回心者たちは、彼らが持っていた小さな光を手に、新しく見出した信仰を守るために安全な環境に集まったのです。しかし人間的な罪のために彼らの共同体の中から光が消えたとき、この安全で安心であったクリスチャン共同体は、もはやこの世のために光っていたのか、それとも自分たちのために光っていたのかがわからなくなってしまったのです。その結果、彼らは以前の伝統的な慣習に戻っていきました。彼らが家に置いてきたと思っていた暗闇は、彼らが安全だと思った場所を新たな住処としました。その結果、多くのクリスチャンが民族主義的・部族主義的になり敵対的になってしまったのも不思議はありません。

こうした歴史のため、多くのアフリカ人クリスチャンは、真理の御言葉やキリストにある大きな神の家族よりも、自らの教派に対して忠誠を誓うようになりました。多くの教団が特定の部族が住む特定の場所で始まったため、教団が特定の部族と結びついてしまったのです。彼らは排他的になり、その結果、他の部族や教団の信徒との交わりを持つことがなくなりました。そして実に多くの教派が単一民族によって構成されるようになったのです。今日、多民族と多文化からなる主要な都市においてさえ、日曜日の礼拝では自らの言語で礼拝する単一部族の教会が存在しています。これらの教会においては、その部族の人々はもちろんアットホームに感じるでしょう。しかし、他の部族から来たクリスチャンの兄弟姉妹は、良くて部外者、悪くすると敵として認識されてしまうのです。たとえばキクユ族の共同体としての歴史を持つケニア・ナイロビにある聖アンデレ教会では、ルオ族の牧師や司会者は部外者として扱われます。私の理解が正しければ、これは北アメリカにおける伝統的黒人教会や白人教会と似た状況でしょう。

分断された共同体の歴史は複雑です。しかしヨハネ一七章の召しは単純です。もし教会が国家間の癒やしと和解の器となろうとするのであれば、私たちはまず部族・民族間の赦しの共同体を築き、この世の在り方とは異なる現実的な選択肢を提示する必要があるのです。敵が悪のために用いようとするものが贖われ、地域の良い働きのため、そして教会の成長のために用いられるようになることが可能なのです。アフリカのクリスチャン共同体が、Ⅱコリント五章一七―二一節に記されているように、和解のメッセージと働きを宣べ伝え実践せよという命令を行うのであれば、私たちはアフリカの社会で、互いを受け入れ、愛し、認め合う新しい赦しの共同体を見ることになるでしょう。確かに私たちは恐ろしい暗闇の只中で生きています。しかし私たちに与えられた召命があります。それが、この壊れた世の中でキリストの光をますます輝かせるための機会を摑むようにと私たちを駆り立てるのです。

広がる共同体

イエス様は単純かつ心からの願いの中で、ご自身と父が一つであるように弟子たちも一つとなるようにと祈られました（ヨハネ一七・一一）。さらにイエス様は祈りを続けられます。「わたしが彼らの内におり、あなたがわたしの内におられるのは、彼らが完全に一つになるためです。こうして、あなたがわたしをお遣わしになったこと、また、わたしを愛しておられたように、彼らをも愛しておられたことを、世が知るようになります」（ヨハネ一七・二三）。父と子の一致と交わりを、そして神の世界に対する愛を、この世に対して目に見える形で証しすることこそがこの祈りの究極的な目的でした。赦しの共同体の一致と交わりを通して人々が福音を見出すことを、イエス様は願っておられるのです。

「主の祈り」（マタイ六・九―一五）の中で、赦しは人間の日々の必要と同列に並べられています。日々の糧が私たちの体を養うように、日々の赦しが共同体の一致を保つのです。神と私たちとの関係と、他者と私たちとの関係は密接に結びついていることを弟子たちが（そして後に続くすべての信仰者たちが）理解しているということは、イエス様にとって非常に大切なことでした。部族的、民族的、宗教的、性別的暴力がはびこる世界において、赦しと和解の使者となるために、私たちは信仰者として赦しの共同体を形成する必要があるのです。

しかし、共同体の中で赦しを実践するということは恥ずべきことと受け取られかねません。部族的、民族的、宗教的、そして政治的暴力を経験した社会にとっては特にそうでしょう。ルワンダの虐殺後、悔い改めと赦しと和解のメッセージをフツ族とツチ族双方に伝えた私の個人的な経験によって、私は赦しのメッセージに伴う代償を再確認することになりました。同時に人々の間での、また共同体の中での、赦しに関する誤解が避けられないことも深く理解することになりました。痛みや傷が深いために、赦しは被害者にとって道徳的に認められるものではなく、危険でさらなる重荷となると考えた人々もいました。また、殺された人々に代わって赦しを語ることは、彼らを二度殺すようなものではないかと感じた人々もいました。しかし、これらの個人的な、そして共同体としての感情のゆえに、赦しの共同体が必要でなくなったり、望まれないものになったりするわけではありません。教会は、赦しと和解を通して共同体を建てあげる使者となる以外の道はないのです。

私は第三章で、北ウガンダのグル地域でのさまざまな教派や部族からなる牧師や教会の指導者の交わりについて述べました。彼らの痛みや苦しみ、彼らの母親、父親、兄弟、姉妹、娘たち、妻たちに対して行われた暴力にもかかわらず、この指導者たちは赦すだけではなく、赦しの共同体を形成することを決意しました。彼らは教会から教会へと、そして牧師宅から牧師宅へと巡って食事を共にしていく中で、彼らがキリストの弟子であり、お互いの部族が行った悪しき過去にもかかわらず互いを愛するということをグルの地域のすべての人々が知ることができるようにと意図して集会を企画しました。またこれらの牧師たちは、自分たちの教会員や家族に対しても赦しを伝え始めました。アチョリ族とランギ族の多くの家族が誘拐で子どもたちを失いました。また自らの村が「神の反乱軍（ＬＲＡ＝Lord's Resistance Army）」によって攻撃され破壊されるのを目撃しました。しかしこの赦しの共同体は、その町と地域に対して希望の種を植えたのです。

グルのこのグループと共に歩んだ私たちＡＬＡＲＭのスタッフは、この地域で赦しと和解のメッセージを語る平和構築の共同体をもう一つ築きました。この新しい共同体は特別なものでした。それは共同体の赦しと和解の使者となるために共に学ぼうとする地域リーダー、地域牧師、カテキスタ［教理の教師］や伝道者などの集まりでした。ＡＬＡＲＭは米国ダラスを拠点とするウォーターマーク・コミュニティー教会のトッド・ワグナー牧師（Todd Wagner）の協力のもと、赦し、紛争解決、サーバント・リーダーシップの分野で二〇〇人以上の地域の共同体指導者や宗教指導者を訓練してきました。これらのさまざまな部族、さまざまな教派、さまざまな宗教的確信を持つ男女は、神の愛と赦しのメッセージを語ること、戦争によって伴侶を失った女性と孤児を助けること、和解と学びの井戸を提供すること、若者に平和作りと紛争解決の原則を教えること、などの活動を通して共同体を建ててあげています。

養われる共同体

赦しの共同体は、自らの新しいアイデンティティー、神との交わり、そして互いの交わりを重視する共同体のメンバーによって鍛えられ、養われる必要があります。私たちが赦しの共同体を築くことに失敗した理由の一つは、共同体の中で育てられる訓練の実践から人々を遠ざける、個人主義的人生観でした。共同体の個々人が、加害者を赦すための励ましや助けを受けることなく放置されてしまうなら、たとえ最も霊的な人でさえ自己憐憫と復讐心に負けてしまうでしょう。『繋がり（*Connecting*）』という本においてラリー・クラブ（Larry Crabb）は、「いま最も必要なのは、神の心がその中心にあり、謙虚で賢い者たちが、彼らに続く者たちを導き、奮闘する者たちが他者と腕を組み、共に旅を続けるような真実の共同体が築かれることだ[1]」と述べています。

二〇一〇年一月、私は五〇人のコンゴ民主共和国東部のゴマ地域の牧師や信徒指導者たちといった教会指導者と共に四〇日間を過ごしました。コンゴ民主共和国のその地域は、さまざまな民兵や反乱軍の紛争により虐殺が行われた場所でした。そのうちのある者たちはルワンダの虐殺に加担したとされる者たちです。約六か国がコンゴ民主共和国のその地域で戦いました。それは戦争を止めるためではなく、何年も指導者不在となった国の天然資源を奪うためでした。部族は互いに背を向けあい、隣人たちは相手が陰謀と裏切りをしたと言って互いを非難していました。私たちの赦しの集会の参加者の多くは、さまざまな部族や教派から来ていました。彼らはその家族、親族、会衆、村や共同体が、他の部族によって苦しめられたという経験をそれぞれ持っていました。集会に参加していた指導者の一部は、戦闘を続ける民兵や反乱軍に加担していたと非難されている人々でした。また他の者は、スピーチや説教や個人的な行いを通して部族間の憎しみを助長したと非難されていました。また、部族的な緊張や争いのため自らの教団を離脱した人もいました。彼らは、親族を殺し、姉妹を強姦し、生まれ育った村を燃やした部族の人々と共に礼拝することなどできなかったのです。

集会初日の月曜日は非常に暗い空気で満ちていました。ほとんどの参加者は、神が彼らを赦されているからこそ彼らも赦さなければならないと、頭では理解していました。しかし同時に彼らはみな、自分が共同体の中で、ましてやその外で赦しを実践する勇気と恵み深さを持っていないことを心と日々の生活の中で知っていました。それぞれの部族がお互いに行ったことのために、ある牧師たちは互いに五年間も口をきいていませんでした。

二日目、三日目になると現実が身に染みてきていることが明らかでした。赦さないということによって、彼らの個人生活、彼らの家族、会衆、そして教団にどのような結果をもたらすのかを参加者は理解し始めたのです。また、教会内で、特に教会の指導者同士が赦さないことによってもたらされる社会的・政治的結果のリストを彼らは作成しました。「教会の指導者同士が赦さないことがコンゴ民主共和国東部の社会に対してどのような影響を与えると思いますか？」と問われたとき、赦さないことによって教会の証しが損なわれていることを参加者たちは認めました。

木曜日の夜、私は二つの指導者たちのグループに会う機会がありました。彼らは家族について、会衆について、そして教団の霊的・キリスト教的なあり方について共に集まり話し合うことを以前から拒否していました。教会のリーダーシップをめぐる民族間の分裂（と彼らが捉えたもの）の結果としてそのように考えていました。話し合う代わりに、彼らは互いを一般の法廷に引きずり込んでしまったのです。この二つの集団に属するメンバーの一部が集会に参加していました。そして、分断された共同体の中で自分たちは和解の共同体になりたいと彼らが願った結果、彼らは仲間と集まり、コンゴ民主共和国東部最大の福音派教団の中で、赦しと和解のための方法を模索する方向に合意することができたのです。フォローアップのためのいくつかの集会をその年の後半に行うことが計画されました。このささやかな始まりが、コンゴ民主共和国東部のバプテスト教会の共同体に属する神の民の和解に繋がるように、そしてそれだけではなく、この説教者、司祭、預言者の和解が、コンゴ民主共和国東部地域の多くの民族における赦しと和解の触媒となるようにと私は熱心に祈っています。大きな共同体に属する小さな個人の集まりが、赦しの共同体として仕え、共同体と国の傷を癒やす使者となることは確かに可能なのです。

赦しの共同体は社会の変化を呼びかける

部族や民族によって分断された共同体において、神学や教会が社会や政治にまったく関わらないでいられることはありません。この現実によって、キリスト者の共同体は、赦しの共同体によって触発される赦しが社会政治的に何を意味するのかを考えるようにと促されます。キリスト者の共同体は伝統的には政治的な赦しに関心を払ってきませんでした。長年にわたって、赦しは個々人の間の敬虔に関わる信仰生活の中の事柄とされてきました。共同の政治的な赦しという表現は、多くの聖書的な福音派の政治家にとっては矛盾した表現であるかのように感じられるのです。しかし、福音が暴力的な世界の中で社会的変革への希望をもたらさないとしたら、なぜそれを良い知らせなどと呼ぶことができるでしょうか。

社会政治的赦しは、公共の、そして集団としての赦しに関わります。それは被害を受けた集団の人々が、社会的暴力と集団的被害をもたらしたとされる他の集団に対しての赦しのプロセスに携わることによって起こります。マーク・アムスタッツ（Mark Amstutz）は、政治的赦しを、集団的犯罪に対する大衆の応答と捉えました。そしてその赦しがどのようなものとなるかは、真実、集団的犯罪についての大衆の認識、復讐の回避、相互の共感と同情、負債や刑罰の軽減や取り消しなどの前提条件次第であるとしています[2]。

実践的な意味において、政治的な赦しとは、憎しみの歴史を同情心を持って真実を正直に語るという意図を持ったコミットメントであり、修復的正義（restorative justice）へのコミットメントであり、また壊れた関係を修復するという願いの表明です。紛争が再び起こった時、双方が共にその建設的な対処法を模索しようと誓うことによって、政治的な赦しの志向性はさらに強められていきます。ですから政治的赦しは、集団的暴力、集団的恐怖、所有権の侵害、ある集団に対する非人間化、政治や社会への関与からの除外などの問題を取り扱う必要があります。政治的・社会的赦しの目標は、集団的な赦しが内的な変化をもたらし、復讐心や怒りが減少し、その代わりに集団同士の信頼、共感、相互理解が徐々に増していくことです。

赦しの共同体が養われ、教会の壁を越えて恵みを広げていくよう力づけられるとき、赦しこそが個人的、歴史的、集団的暴力に対する唯一の治療薬であるということに人々は気づき始めるしょう。私たちの赦しの共同体の働きは公式なものではありませんでしたが、過去数年間で、その働きを通して、ルワンダ、ブルンジ、コンゴにおける多くの政治共同体や政治的指導者の赦しに対する態度が変化するのを私は目撃してきました。歌うこと、演じること、教えること、説教すること、またお互いに赦しと恵みを与え、受け取ることを通して、「赦された者」（ブルンジ）、「平和の使者」（コンゴ）、「レファレンス・グループ」（ルワンダ）などのＡＬＡＲＭのさまざまなグループは、部族間戦争や虐殺によって家庭や共同体が破壊されたこれらの国々の政治指導者の考え方を変えてきました。過去数年の間で社会的・政治的赦しの概念が、国家のための、そして国家間の平和のためのもう一つの代替手段として政治活動家、神学者、宗教指導者によって議論されるようになったのです。

東アフリカ、中央アフリカでの働きの中で、私たちは共同体や政治指導者の中に、赦しに対する緩やかな変化と大きな関心が生まれていることを見てきています。ルワンダ、ブルンジ、コンゴにおけるクリスチャンの働き人や教会指導者たちは、文民権力者や軍事的権力者に聖書的赦しのメッセージを届けるようにと度々依頼されています。多くの場合、まさにその権力者たちこそが彼らの家族や共同体に大きな苦しみを与えた張本人なのです。二〇〇六年七月、教会指導者たちがブルンジで三日間の聖書的赦しに関するトレーニングを行いました。その後、指導者たちは、受講者たちが学んだことをブルンジの政治指導者たちと共有してほしいと提案しました。参加者の一人はブルンジの大統領に選出されたばかりだったピエール・ンクルンジザ（Pierre Nkurunziza）の妻でした。彼女によれば、夫は、彼女が記した赦しとリーダーシップに関する講義のノートを毎晩読み、共同体の指導者たち、政府高官、そして各政党指導者たちにこの講義を聞かせてはどうかと尋ねたそうです。そしてＡＬＡＲＭと協力団体は二〇〇六年以降、何百人ものブルンジの政府や共同体のリーダー、裁判官、弁護士、警察官、そして政治家に対して、聖書的な赦しだけではなく紛争解決、部族の和解、そしてサーバント・リーダーシップについて訓練をしてきました。

二〇〇五年一〇月、コンゴのＡＬＡＲＭは政治指導者たちによって北キブ州の「真実と和解委員会（Truth and Reconciliation Commission）」に任命されました。当時コンゴの代表だったマナセ・メブサ・タルリバ牧師が委員会の副代表に任命されました。私たちの和解と赦しのリーダーシップ研修により、地域指導者や市民指導者が、政治的・社会的分野においても赦しの重要性を認識するようになりました。部族的、民族的暴力によって苦しんだ国が癒やされるために、個々の人々の赦し、そして共同体の赦しが果たす役割をアフリカの政治家と宗教指導者は共に見出していったのです。ＡＬＡＲＭはまた、クリスチャン弁護士、裁判官、人権運動家、元少年兵や地域リーダーに対する、赦し、平和構築、調停、サーバント・リーダーシップについての訓練に携わってきました。

赦しの共同体としての私たちの責任は赦しの贈り物を体現し育てることです。そうするとき、私たちの周りの世界は、社会共同体や人間関係を維持するために必要な赦しの価値と重要性に触れることになります。私たちの希望は、熟練した交渉人や外交官、あるいは最強の武器と軍隊を所持することにあるのではありません。こういったアプローチだけでは不十分であることは既に証明されてきました。パトリック・グリンが述べたように、「国家は怒りの過去や希望の未来にしがみつくかもしれない。しかし現在、すべての国家にとって平和と繁栄への道は赦しの門を通して訪れる[3]」のです。

赦しの共同体が推奨され、育てられ、世界に遣わされていかない限り、教会は平和と和解の使者となる任務を果たすことができないのだと世界中のクリスチャンの共同体は気づく必要があります。今日、赦しを危機的に必要としているのは、個人的なものよりも集団的なものです。集団や部族、国家の間で、またその内部で人間関係が崩壊するとき、それに対するクリスチャンの応答は、共同体的である必要があります。すべての部族、民族、人種、文化、国籍、社会政治的地位にあるクリスチャンがお互いの間で、そして三位一体の神との間で、完全な一致を保ち続けるとき、一つとなった教会は塩がそれに触れた食べ物に影響を与えるように、私たちの社会に影響を与えるのです。交わりと一致を通して、教会は個人の間だけでなく、部族や共同体の間での壊れた関係を癒やす器となるのです。

二〇〇七年四月、ＡＬＡＲＭと他の二つの地域パートナーによってリトリートが持たれたのですが、それに参加するため、ルワンダ虐殺以来実に一三年ぶりにツチ族とフツ族双方の司祭や教団の指導者たちがキガリのセレナホテルに集まりました。この指導者たちは、ルワンダの失敗における教会の責任、ルワンダが他国と比べて特異な悲劇に直面している理由、ルワンダの人々が持っているそれぞれの部族に対する誤解と意見、そして赦しと和解によって国を再建する中での教会の役割について協議することになっていました。協議の中で、教会指導者たちはルワンダにいまだに大きな問題が残っていることに気づきました。彼らがその中で特に重要とみなしたのは以下の点です。

一、教会は一九九四年のツチ族虐殺を非難しなかった。そのことにより教会は虐殺に消極的に関与してしまったことになり、信頼を失った。

二、虐殺以降、両部族の教会指導者の代表は協議を行っていない。そのため、虐殺によって起こった問題をどう解決するかについて合意することがいまだできていない。

三、虐殺のイデオロギーは今でもあり、教会内にもそのような考え方を持つ者が存在する。

四、虐殺のイデオロギーは政治家によって公に教えこまれたものであった。しかし教会の指導者や牧師は教会員に対し、このようなイデオロギーと戦い、それを排除するよう教える準備ができていなかった。

五、無実の者を含む多くのフツ族の人々は、虐殺が彼らの部族の名前によって行われたことを恥じて暮らしている。

彼らが信仰者の共同体、一致した教会として結束したことにより、この指導者たちは新しい、そして特別なことを見ることができました。彼らは愛をもって誠実に、虐殺にまつわる問題を分かち合うことができたのです。感動的な礼拝がありました。その中でリトリートに来ていたすべてのフツ族の者たちは、跪いて虐殺の罪を悔い改めました。それは彼らの部族の名前で虐殺が行われたからでした。一九九四年以前からルワンダにいた教会の指導者たちは、虐殺後にルワンダに来た同僚の教会指導者たちを教会内で適切に歓迎しなかったことを謝罪しました。その場にいた一部のツチ族の指導者も跪き、フツ族に対して示していた悪しき態度について謝罪しました。フツ族とツチ族の教会指導者の間に、互いに対する赦しがありました。その指導者たちの多くは、共に働き始め、またその働きを続け、赦しの共同体として仕えています。彼らのメッセージは教会の尖塔やモスクのミナレットから、議会の議場やフツ族とツチ族の居間に至るまで響いています。キリストの弟子の一致と赦しの共同体の育成は、壊れた関係性の回復をもたらすだけでなく、平和で豊かな共同体を築くことにも貢献するのです。

私が行っているこの働きに感謝しているのはそのためです。私たちが赦し、そして赦しの共同体の一員となるために、私たちを一人残らず赦してくださった恵み深い神に感謝するのはそのためなのです。

1　Larry Crabb, *Connecting: A Radical New Vision* (Nashville: Word, 1997), p. xvii.

2　Mark Amstutz, *The Healing of Nations* (Lanham, Md.: Rowman & Littlefield, 2005), p. 224.

3　Patrick Glynn, "Toward a New Peace: Forgiveness as Politics," *Current* 371 (March/April 1995): 19.

スタディ・ガイド質問集

第１章　福音の中心

1「赦し」という言葉を聞いたとき何を思い浮かべますか？　それは個人の努力によるのでしょうか？　あるいは共同体的な努力によるのでしょうか？　またそれは日々の生活にどのような意味を持ちますか？

2 セレスティンは、してはならないことを行った罪と、するべきことを行わなかった罪両方に言及しています。この２種類の罪を考える時、あなたはどのような罪を犯してきたでしょうか？　またあなたはどのように赦しを受けましたか？

3 セレスティンは家族が殺害されたことによってどのような試練を受けましたか？　この悲劇的な出来事を通して彼は赦しについて何を学びましたか？

4イエスの十字架上での行いがなぜ赦しのモデルなのでしょうか？

5 赦しは私たちを何から救うのでしょうか？　その救いは私たちをどこへと向かわせるのでしょうか？

6 セレスティンは、彼の家族を殺害した者たちの親戚について語りました。「キリストにあるアイデンティティーを私たちは共通に持っているのであり、それは文化、慣習、歴史が与えてくれる他のどのようなアイデンティティーよりも強力なものでした」。これはどういう意味でしょうか？　また、あなたの人生においてこのような生き方をするということは何を意味するのでしょうか？

7 あなたやあなたの愛する人に対して、どんなときに不当なことが行われましたか？　どのようにしてセレスティンの言う「不完全な赦し」を少しでも与えることができるでしょうか？

第２章　赦しのダンス

1 どのような意味で赦しは福音の中心なのでしょうか？

2 私たちはどのようにして赦しを、あまりにも容易なものにし、また同時にあまりにも困難なものにしてしまったのでしょうか？　言い換えると、「安価な赦し」と「高価な絶望」とは何でしょうか？

3 グレッグはある教会について次のように述べています。「悔い改めと赦しのための一歩を踏み出すよりも、教会員たちは、同じような考えを持った者同士で戦略的に組むことにしたのです。少なくとも抑止力としての力のバランスを取れるように、そして最悪の場合、もし殴り合いになった場合でも人数で勝てるように」（47 ページ）。あなた自身の人生、教会、町、また国でこのような状況を目にしたことがありますか？

4 なぜ祈りが赦しの一部となるのでしょうか？

5 赦しと正義とはどのように関連していますか？

6 グレッグは赦しのダンスを構成する 6 つのステップについて語っています。あなたにとってどのステップが最も困難でしょうか？　あなたの日常生活においてこれらのステップの 1 つかあるいはそれ以上のステップを実践する具体的な方法があるでしょうか？

第３章　キリストを着る

1 私たちがキリストを「着る」時に与えられる「新しいアイデンティティー」の特徴は何でしょうか？　あなた自身や他の人にこのような変化が見られるのはどのような時でしょうか？

2 壊れた心や頑なな心とはどのような状態でしょうか？　あなた自身やあなたの共同体のどのような場面で傷ついた心を見るでしょうか？

3 私たちはクレメンティーヌの話から何を学ぶことができるでしょうか？　私たちはどのような意味で新しい考え方を必要としているのでしょうか？

4 クレメンティーヌとオコー牧師の心と考えが新たにされることで、どのような新しい行動と生き方が生まれましたか？

5 赦しを与えること、あるいは赦しを与えないことで、共同体は全体としてどのような影響を受けるでしょうか？　赦しがないことで、あなたの共同体が悪影響を受けている領域があるでしょうか？　そのような領域が新たにされるためにあなたの共同体ができることがあるでしょうか？

第４章　記憶の傷を癒やす

1 「赦して忘れる」という表現の良い点と悪い点は何でしょうか？

2 グレッグは６つのトラウマ的な記憶について説明しています。それらは何だったでしょうか？　これらの記憶の中に、あなた自身が経験したものがあるとすればそれはどれですか？

3 グレッグが「私たちは我々の過去を異なる方法で記憶する必要がある」と述べる時、それはどういう意味でしょうか？「正しく記憶する」とはどういう意味だと思いますか？
4 「記憶しない恵み」とは何でしょうか？　どのようなときにそれが起こると思いますか？　それは「忘れる」ということとどう違うでしょうか？

5 あなたが傷つき裏切られた出来事を今までと異なるかたちで語るにはどうすれば良いか考えてみましょう。トラウマとなるようなあなたの記憶——個人的なものも共同体的なものも——を、神は、もしあなたが神の働きを感じているなら、どのように癒やそうとされていると思いますか？

第５章　赦しの共同体

1 イエスの召命によって、セレスティンの人生はどのように変えられましたか？　またイエスの召命はどのようにあなたの人生に介入しましたか？　あなたの人生においてさらにイエスに介入していただくべき領域はあるでしょうか？

2 あなたの教会や共同体に民族的あるいは人種的分断がありますか？あなたの教会は、どのようにしてこの世のやり方とは異なる生き方を示すことができるでしょうか？

3 「赦しの共同体」についてセレスティンはどのような具体例を挙げていますか？　あなたの教会や共同体はどうすればこの赦しの共同体を築くことが、あるいは赦しの共同体に参与することができるでしょうか？

4 どのような意味で、赦しとは、個人的な取り組みだけではなく共同体の取り組みなのでしょうか？

5 政治的な赦しとは何でしょうか？　どのような種類の政治的な赦しに生きるようにあなたの教会や共同体は召されているのでしょうか？

6 この本を読むことで、赦しについての考えがどのように変化、あるいは強められましたか？　この本を読んだ後、あなたの人生の中でどのように赦しを実践したいと思われますか？

謝辞

私たち（セレスティンとグレッグ）は、本書を書くようにと招いてくれたクリス・ライスとエマニュエル・カトンゴレに感謝したいと思います。このシリーズは、クリスとエマニュエルが共同編集者となっています。また彼らはデューク大学神学部和解センターの共同ディレクターですが、私たちを友情によって、そして今や共同執筆者として結び合わせてくれた和解センターの働きにも感謝しています。この本を二人で執筆できたことは私たちにとって光栄であり喜びでした。

私たちはジョナサン・ウィルソン＝ハートグローヴのこのプロジェクトに対する非常に大きな働きに深く感謝しています。彼は私たちと共に最初から働き、この本のビジョンと構成を練るのを手伝い、そして私たちのアイディアを筋の通った、そしてしばしば美しい文章へと整えてくれました。非常に忙しかった私たちのスケジュールから考えると、ジョナサンの安定した、根気強い、誠実な、そして説得力のある助け無くしてはこの本を完成させることはできなかったでしょう。

私（セレスティン）は、私のアフリカのリーダーシップと和解のミニストリー（ALARM, Inc.）の同僚と仕事仲間に特別の感謝を表したいと思います。彼らは、自分たちの働きを通して赦しが地域の人々の共同体に与えているインパクトを私が学ぶように励まし、また学びを可能にしてくれました。最後に私の愛する妻ベルナデット・バンキュンディー・ムセクラと私の子どもたちプロビダンス、プリュダンス、サミュエル、そしてエマニュエルに対する感謝は言葉に尽くせません。彼らは赦しの旅路の同伴者、そして励まし手でした。彼らの助けなしには、私はこの本で分かち合ったことを、個人的な経験として知ることはできなかったでしょう。彼らの犠牲のおかげで、私は赦しの共同体を東アフリカ、中央アフリカで築くことを手助けするために、何週間も、何か月も離れて過ごすことができたのですから。

私（グレッグ）はデューク大学神学部の同僚と学生たち、そしてそれ以外のさまざまな人々に感謝しています。私はクリスチャンの赦しの困難さ、可能性、そして恵みについて、彼らと対話することができました。私の妻、スーザン・ペンデルトン・ジョーンズ牧師の愛と赦しと恵みに特に感謝しています。私たちの人生と召しは非常に豊かで美しいかたちで織りなされてきました。そして私たちが二人で行った赦しについてのさまざまなワークショップや修養会での経験のおかげで、これらの章は大変豊かなものになりました。私はまた私の子どもたち、ネイサン、ベン、サラにも深く感謝しています。父に対する彼らの愛と忍耐、破れと赦しという驚くべき状況への私たちの旅路における彼らの洞察、そしてどの子どもたちもそこまで耐えなくてよいだろうというほどに赦しに関する説教やワークショップに参加してくれた意欲（時に強制的にではありましたが）を嬉しく思っています。私は、私が赦されたのと同じように、これらの関係を通して、私自身が豊かに赦すようになれることを願っています。

訳者あとがき

本書はグレッグ・ジョーンズ博士とセレスティン・ムセクラ博士による*FORGIVING As We've Been FORGIVEN* の全訳です。

ジョーンズ教授はデューク大学神学部長、デューク大学副学長を経て、ベイラー大学副学長の職にありましたが、二〇一八年に再びデューク大学に招かれ神学部長として神学部を導いておられます。ムセクラ博士は、赦しについての博士論文作成中にジョーンズ教授に出会われました。

デューク大学神学部は優れた学術研究、教育機関ですが、他の名門大学とは異なる際立った特徴があります。それは聖書に基づいたラディカルな平和、和解、共同体（教会）の重視と、教会のために有益な学術研究を行うという姿勢です。「アメリカの最も優れた神学者」スタンリー・ハワーワス名誉教授、リチャード・ヘイズ前神学部長を始めとする教授たちにそれは色濃く表れていますが、ジョーンズ教授の功績は、特にそのようなビジョンを示すリーダーとして、非常に大きいといえます。

本書の翻訳出版への思いは、デューク大学神学部、和解センター主催の「北東アジアにおける和解のためのキリスト者フォーラム（Christian Forum for Reconciliation in Northeast Asia）」の中で生まれてきました。このフォーラムは、二〇一二年一二月三―五日にデュークで持たれた「北東アジア・コンサルテーション」から始まっていきました。そしてその和解センターは、ジョーンズ教授の（第一次）学部長時代に始まったものです。二〇一二年からこの働きを共に担わせていただいていることに感謝しています。フォーラムは今まで韓国、日本、香港で行われてきましたが、日本では二〇一五年に長崎で（ヘイズ学部長［当時］と共に）、二〇一八年に京都で（ハワーワス名誉教授と共に）行いました。

また和解センターは、北東アジアの働きの数年前から、ムセクラ博士が関わっているアフリカの大湖沼（Great Lakes）地域で和解と平和構築の働きを積み重ねてきています。ムセクラ博士の文章を読む中でそのことも覚えていただけたらと思います。二〇一八年に新たにセンター長となったエドガルド・コロン＝エメリック博士はご自身の背景、ラテン・アメリカにおける和解の働きにも関心を持っておられます。和解センターの働きは、それぞれの地域において、他の地域のことも念頭に置きつつ、進んでいくことになるでしょう。

北東アジアの政治的、経済的、安全保障的緊張の中で、さまざまな専門家やコメンテーターの声が聞こえてきます。それぞれの自分の国の物語、自分の民族の物語も聞こえてきます。その中で、私たちはキリスト者として、自分が何者であり、どのようなアイデンティティーを持って生きるのかを問い、意識的に選ばなければなりません。著者たちは、怒りと復讐心を持って生きるアイデンティティーではなく、キリストにある神の子としての、神に赦された者として互いに赦し、愛するというアイデンティティーを持つ生き方が可能であることを明確に示しています。民族主義、排他的ナショナリズム、自己正当化を超える神の愛の和解と救いという真の物語の内に生き、神の国の民として、平和を作る民として生きる道を示しています。

私は、本書を読みながら、心が震えた箇所がいくつもありました。「これは、私たちを愛し、赦し、救おうとしておられる神の、私が知っている神の、語りかけを聞いておられる方のことばだ」。そう感じた場面がいくつもありました。日本の教会は、十字架による神の赦しは語っても、互いを赦すことはほとんど語ってきませんでした。願わくは、皆さんが、また私自身が、本書を通し神の声に耳を傾け、神の子として、神の愛の内におり、神を愛し、自分を愛するように隣人を愛する生き方を、神に赦されたように互いを赦す生き方を、日々求めていくことができますように。

本書の翻訳は、岡谷和作君が下訳を作ってくださり、私がそれを確認しながら進めていきました。初めて岡谷君に会ったのは、彼が四歳の時でした。お父様の岡谷重雄氏が科学技術庁（当時）からスタンフォード大学ビジネススクールに留学されていたとき、私は近くの神学校で学んでおり、お交わりがありました。このように一緒に働きができることを嬉しく思っています。岡谷君は素晴らしい仕事をしてくださいました。しかしもし本書の翻訳に問題があれば責任は私にあります。

日本基督教団代田教会牧師、平野克己先生がこの翻訳シリーズ全体をまとめる働きをしてくださったことに感謝しています。また平野先生と共に最初からフォーラムのために働いてきた青山学院大学の同僚、福嶋裕子教授、和解センター初代共同所長でフォーラム全体を常に導いてこられたクリス・ライス博士に感謝いたします。日本キリスト教団出版局の伊東正道氏に大変お世話になりました。その他、本書の出版のためにお世話になった皆様に心からの感謝を捧げます。

訳者を代表して　藤原淳賀

二〇一九年五月二七日

第六回北東アジアにおける和解のためのキリスト者フォーラムの行われている韓国・済州島にて

《執筆者》

グレゴリー・ジョーンズ　Gregory Jones

デューク大学にて Ph.D. 取得。ノースカロライナ州ダーラムのデューク大学グローバル戦略およびプログラムの副局長兼副学務部長。前デューク大学神学部学部長。同学部においてリーダーシップ教育研究所所長、神学教授を務める。*Embodying Forgiveness*, *Transformed Judgment*, *Resurrecting Excellence* などの著書多数。

セレスティン・ムセクラ　Célestin Musekura

ダラス神学校にて Ph.D. 取得。アフリカにおけるリーダーシップと和解のミニストリー（ALARM）の創設者および会長として、アフリカ人のスタッフとともに、東アフリカ・中央アフリカの教会・共同体のリーダーの訓練、紛争解決や赦しと部族間の和解のための働きに携わる。ルワンダで 6 年間牧会に携わり、ルワンダ・バプテスト教会連合の運営にも関わる。スーダン福音連盟の創設者のひとりであり、南スーダンの迫害されている諸教会の連帯を支援。著書として *An Assessment of Contemporary Models of Forgiveness* がある。

《訳者》

岡谷和作（おかや・かずさ）

1989 年生まれ。早稲田大学卒業。IT 企業で 3 年間営業として働き、聖契神学校で学びつつ 2016 年からキリスト者学生会（KGK）の主事として学生伝道に従事。お茶の水クリスチャン・センター宣教部兼務。トリニティ神学校修士課程在籍中。

藤原淳賀（ふじわら・あつよし）

青山学院大学地球社会共生学部教授・宗教主任。

1965 年岡山市生まれ。玉川大学、慶應義塾大学大学院、米国ゴールデン・ゲート・バプテスト神学校（M.Div.）、英国ダラム大学大学院（Ph.D.）で学ぶ。東京基督教大学専任講師、聖学院大学総合研究所准教授、教授を経て現職。日本バプテスト連盟・恵約宣教伝道所にて牧会にも従事（非常勤）。研究領域は、キリスト教社会倫理。

Theology of Culture in a Japanese Context: A Believers' Church Perspective などの著訳書多数。

グレゴリー・ジョーンズ、セレスティン・ムセクラ

シリーズ〈和解の神学〉赦された者として赦す

2019年6月7日発行

訳　者　岡谷和作、藤原淳賀

発行所　日本キリスト教団出版局

〒169-0051　東京都新宿区西早稲田2-3-18

電話・営業03（3204）0422、編集03（3204）0424

http//bp-uccj.jp/

印刷・製本　河北印刷

ISBN978-4-8184-1006-0 C0016　日キ販

Printed in Japan